조선족디카시인협회

보(고)
찍(고)
쓰(고)

02
디카시기획집

발간사

책을내며

김춘희

조선족디카시인협회회장, 발행인, 시인

　제가 디카시라는 단어를 처음 접한 시기는 2018년 12월, 지금의 조선족디카시인협회 고문인 다람 강성은 선생님이 상해에서 조직한 오프라인 명상강의에서였습니다. 2019년부터 본격적으로 위챗그룹 '우리민족문학사랑방'에서 디카시 창작을 활발히 시작하여 지금까지 4년이란 시간을 디카시와 함께 했습니다. 디카시는 갖고 다니는 스마트폰을 활용하여, 자연이나 사물에서 순간 포착한 시적 영감을 그대로 사진으로 찍고, 문자로 표현하여 SNS로 실시간 쌍방향 소통이 가능한 새로운 시의 형식으로, '극순간멀티언어예술'이라고도 할 수 있는 인터넷이 탄생시킨 새로운 문예 장르입니다. 남녀노소 누구나 쉽게, 언제 어디서든 참여할 수 있는 생활 문학의 범주에도 들어가죠.

　디카시를 사랑하는 중국조선족동호인들이 자발적으로 결성한 인터넷으로 맺어진 조직이 '조선족디카시인협회'입니다. 첫 디카시 기획집은 2020년 6월에 한국에서 출간된 『보찍쓰 01』(보고, 찍고, 쓰고의 약칭)이고, 그 후 일 년 만인 2021년 5월에 중국 상해에서 〈계간 보찍쓰〉를 출간하였고 이번 2022년 6월 또 일 년 만에 디카시기획집 『보찍쓰 02호』가 한국에서 출간됩니다.

　'조선족디카시인협회'의 디카시 작품집 『보찍쓰 02호』 발간에 즈음하여 감사드리고 싶은 한국 시인들이 있습니다. 2019년에 상해와 연길에서 디카시 특별강의를 하고 위챗그룹에 3분 디카시 동영상을 올리다가 2020년에 친 탈퇴하신 이상옥 교수님, 2019년 6월부터 2020년 9월까지 매월 작품 심사와 심사평을 함께 맡아주셨던 이기영 선생님, 2022년 3월부터 '조선족디카시인협회'에서 디카시를 올리고 협회 회원들 디카시 지도를 해주시는 이근모 시인, 그리고 2019년 1월부터 오늘까지 '조선족디카시협회'와 함께하며 우리 곁에서 디카시를 지도하고 매월 디카시 수상작을 선정·발표하여 우리들의 디카시 창작 열정에 박차를 가해 기획집, 계간지 출간에 심혈을 바쳐 이번 『보찍쓰 02호』 출간비용 전액을 혼자 부담해주신 다람 강성은 선생님 등.

여러분의 헌신이 있었기에 오늘날 '조선족디카시인협회'가 해 내외 디카시 부문에서 자타공인 단체가 될 수 있었다고 생각합니다. 또한, 중국의 방방곡곡 및 세계에 흩어진 우리 조선족 형제들이 매일 적극적인 참여와 조직 사랑으로 매월 500~1000편의 디카시작품을 협회 위챗췬에 올리며 실시간 소통하고 교류를 활발히 해서 회원들도 실력이 향상되었음에 감사합니다. 이번 책 출판에 적극적으로 참여해주신 점도 정말 감사합니다.

조선족 사회에서 디카시 발전 역사와 처음부터 함께해온 저로서는 우리 협회의 세 번째 책인 『보찍쓰 02호』가 성공적으로 발간됨에 감회가 깊을 수밖에 없습니다. 특히 2022년 상반기는 상해에서 코로나 확산으로 집콕을 한 달 넘게 하면서 일체 온라인으로 소통하며 다람 쌤과 함께 책을 발간하기에, 힘들면서도 더 보람을 느낍니다. 조건이 허락되면 『보찍쓰 03호』는 한중언어로 발간할 수 있도록 힘쓰겠습니다. '조선족디카시인협회'가 꾸준히 발전하는 협회가 될 수 있도록 선두에 서서 이끌겠습니다.

2022년 6월
김춘희

책 머리에

보찍쓰 2호를 선물하며

다람 강성은

문학평론가, 시인
조선족디카시인협회 고문
디카시집 『보찍쓰』 총편집, 공동발행인

신께서 우주를 바라보는 신비한 눈을 주심에 감사를 드린다.

또한, 이 땅에 한 번 태어나서 사람들을 사랑할 수 있는 마음을 넉넉하게 허락하심에 대하여 감사를 드린다.

좋은 이웃을 만나고 무엇보다도 아무 연고가 없었던 연변 땅을 알게 하시고 그곳에서 피붙이보다 더 귀중한 사람들을 만날 수 있었고, 상해로 이주 후 그 만남을 통하여 디카시라는 새로운 문학예술장르를 소개하고 가르치면서 많은 위로와 행복함을 얻을 수 있었음에 감사를 드리며, 그 행복의 선물로 『보찍쓰 2호』를 드릴 수 있는 기회를 갖게 됨을 무한한 기쁨으로 생각한다.

지난 5년간 약 15,000편의 디카시를 보아왔다. 37개월 동안 매월 수백 편씩 올라오는 디카시를 심사하면서 그중에 22~25편을 골라 입상의 기쁨을 드렸고, 선정된 작품들을 모아 2020년 6월에 『보찍쓰』(보고, 찍고, 쓰고) 1호 기획집을 발행하였고, 2021년 5월에 『계간 보찍쓰』를 발행하였다.

이번 『보찍쓰』 2호를 발행하면서 특별한 기획을 하게 되었다. 그동안 꾸준하게 디카시를 써 온 분들 중 14명을 선발하였다. 미래의 발전을 위해 잃어 가는 우리 글과 말을 후세에 교육하는 방법으로써 '조선족디카시인협회'의 이름으로, 최첨단 소통기구인 스마트폰을 도구로 하여 창작되고 있는 '극순간멀티언어예술-디카시' 전문시인으로 등단시키는 기회를 갖게 된 것이다.

앞으로 이들의 활동으로 전 세계에 흩어져 있는 조선 민족과 그 후손들에게, 디카시를 통해 우리 글, 우리 문화, 우리 자연을 더욱 사랑하게 만드는 메신저 역할을 등단과 함께 책임도 부여함으로써, 더욱 디카시 보급과 저변 확대를 기하고자 하는 목적에 『보찍쓰 2호』의 발행 의미를 두고 있다. 난 확신할 수 있고 세계 어느 지역 문학을 사랑하는 모임이나 단체에 가서 말할 수 있다.

비록 디카시가 한국의 경남 고성 해안가 마을에서 발현하였으나, 그것은 시작점일 뿐이고, 더 큰 세상을 향해 전반적으로 넓게 보급되고 활성화하는 역할을 담당하고 있는 단체는 〈조선족디카시인협회〉라는 사실과 이곳 회원들의 디카시 사랑과 열정에 탄복하며 떳떳하게 자부심을 가지고 자랑할 수 있다.

이번 『보찍쓰 2호』는 보다 새로운 형식으로 구성하였다. '자연', '사람', '삶', '생활'이라는 『보찍쓰』 기본 발행 주제로 회원들의 작품을 구성하였으며, 14인의 등단작품과 소감, 그리고 유일한 한국 등단 시인인 김춘희 시인의 몇백 편 작품 중에서 몇 편을 선정하여 특별 기획전을 꾸몄고, 그동안 발표한 디카시를 중심으로 평했던 만평을 주제별로 특집기획으로 구성하였다.

"디카시는 디카시다"

창작하며 실감한 디카시는 보고 읽는 형태의 시다.

"디카시는 누구나 쉽게 다가갈 수 있는 '일상성'을 가졌고, 복잡다단한 세상을 상징적으로 요약하는 '압축성'과, 전자매체 영상문화의 시대를 반영하는 '영상성'을 가졌으며 SNS를 통한 쌍방향 소통성까지 가진 것"이다.

"이런 점에서 디카시는 기존의 문학과 확연히 구별되는 디지털 시대의 새로운 시의 형식을 사용하고 있음은 분명하다"고 볼 수 있다. 그렇다고 시의 개념으로 디카시를 시작해서는 안 된다. 즉 사진이 말하고 있는 영상 언어가 있고 감정의 느낌을 바로 표현한 언술(날시)이 합해져 그것이 하나의 몸체를 이루기 때문이다.

간결함과 명징함을 특징으로 하는 것이 하이쿠라면 디카시는 명징함에 덧보태 영상을 통해 감흥의 수축과 이완이 일어나는 시로, 즉각적이고, 순간적으로 이루어지며 SNS를 통해 소통 또한 순간적으로 이루어지기 때문이다.

이런 디카시의 특성은 스마트폰에 내장된 디카와 인터넷 기능으로 순간 포착과 창작, 그리고 실시간 쌍방향소통으로 실현 가능하다. 이러한 특징을 가진 온라인의 산물인 디카시를 오프라인의 결정체이며 꽃인 책으로 출간함은 지워져 가는 기억들을 보관함으로써 추억의 공통분모인 일기장을 만드는 것과 같다.

보고 읽기 때문에 다시 한번 그때 그 감정이 촌철살인적으로 마음을 '탁' 쳐오는 시간이 되기를 『보찍쓰 2호』를 선물하면서 바랄 뿐이다.

2022년 6월

격려사

보찍쓰 2호 출판 축하의 글

서방흥

연변인민방송국 아나운서실 전 실장
중국 조선족 아나운서 제1임 방송교수

디카시에 처음 흥미를 갖게 된 것은 다람 강성은 선생님과 김춘희 선생님과의 인연이 맺어진 그때부터이다. 그 후 조선족디카시인협회에서 발행된 『계간 보찍쓰』 첫 책을 보면서 새로운 문화적 충격과 함께 디카시의 매력을 깊이 느끼게 되었다. 사실 예전에는 디카시라는 이름도 몰랐고 '보찍쓰'의 줄인 말도 썩후에 와서야 리해하게 되었다.

한생을 화술에 몸 담그어 온 나로서는 아름다운 우리말과 글을 누구보다도 사랑하기에 지금까지도 그 끈을 꼭 잡고 여생을 살아가고 있다. 바로 우리글로 된 시, 수필, 산문, 이야기 등 어떤 장르의 문장이든 그것을 음성화하여 거기에 영상과 음악을 넣어 제작함으로써 우리의 글을 눈으로만이 아니라 귀로 즐길 수 있게 하고자 매일매일을 행복하게 보내고 있다.

얼마 전부터 디카시 작품에 관심을 갖게 되면서 그 표현력과 재주에 탄복했고 사진 촬영으로부터 거기에 맞는 짜인 글을 쓰기까지 들인 작자들의 각고의 노력을 느낄 수 있었다. 작자 스스로 촬영하고 그에 맞게 쓴 짜인 짤막한 글들을 소리 내어 읽노라면 자기도 모르게 우리글의 향기에 취하곤 했다. 따라서 짜인 글들을 음성화하여 음악을 넣어 더 좋은 영상작품으로 만들어 널리 보급하고 싶은 생각이 간절해졌다. 나의 이런 생각을 이제 곧바로 실천해 갈 것이다.

"우리 민족 문화사랑방과 조선족디카시인협회" 회장 김춘희 선생은 『보찍쓰 01호』 첫 책 발행을 맞으며 디카시가 "500여 명 췬원들이 함께 할 수 있음에 시대에 발맞춰 더욱 발전하면서 새로운 문화를 선도해 나가는 명품췬이 되도록 하는 그 첫걸음이 될 것이다."라고 말했다. 지금 디카시는 국내는 물로 해외로 급속하게 소개 확산되고 있음을 알고 있고 디카시 사랑으로 인한 창작 열기는 어디에서도 찾아보기 힘들 만큼 강렬함도 알고 있다. 참으로 경의스러운 일이다.

이제 곧 발행되는 『보찍쓰 02호』 발행을 진심으로 축하드리며 다람 강성은 선생과 김춘희 선생의 로고에 감사드린다. "조선족디카시인협회" 회원들의 디카시 사랑과 창작 열기에 경의를 표하며 앞으로 더 큰 발전이 있기를 기원한다.

격려사

보찍쓰 2호 출판 축하의 글

이근모

시인, 시집 『12월 32일의 노래』 등 11집
칼럼 이근모의 시와 이야기
시학과 시 편집 발행인

디카시는 순간의 느낌, 감성을 놓치지 않기 위해 그 순간의 느낌 영상을 디지털 카메라에 담아 시적인 언어로 표현한 '디지털카메라 사진+시=디카시'라 합니다.

이는 우리 언어로도 표현할 수 없는 무한의 세계에서 우리의 삶을 그려나가며 이를 확장해가는 정신을 가진 생명체이므로 이에 가깝게 접근하기 위해 행하는 하나의 영상과 시가 복합된 영상시적 예술의 종합 예술이라 할 수 있다고 나름의 정의를 하여 봅니다.

'보고·찍고·쓰고'라는 디카시의 특성을 언술한 머리말을 따와 '보찍쓰'라고 이름한 디카시집의 이름을 창의적으로 고안하고 이를 편집 발행하시는 '보찍쓰' 관계자이신 김춘희(金春姬) 선생님과 다람 강성은 선생님께 무한의 찬사와 함께 힘찬 박수를 칩니다.

아울러 디카시 동인집 『보찍쓰 02호』에 참여하여 자신의 창작 예술품을 선보이시는 조선족디카시인협회 회원 여러분께도 아낌없는 축하의 박수를 보냅니다.

본 『보찍쓰 02호』 시집인 "나도 디카시 시인이다"를 통해서 이제는 디카시도 어엿한 시의 한 장르를 이루어냈다고 봅니다.

시를 창작해 세상에 내놓으면 이를 감상하는 독자가 있듯 디카시집 『보찍쓰 2호』가 세상 밖으로 얼굴을 내밀면 이를 감상하는 독자가 있기 마련이기에 디카시를 쓴 시인과 그 시를 감상하는 독자와의 관계를 소통의 의미와 친밀, 친숙함의 의미로 "시인은 보찍쓰, 독자는 읽감느"로 상상의 나래를 펴다 하고 축하의 구호를 외쳐봅니다.

여기서 "읽감느"는 '읽고·감상하고·느끼고'의 머리말을 따서 써보는 본인의 말입니다.

코로나 상황에서 힘들고 고통받는 시민의 정서를 위로해 주고 좀 더 나은 삶을 영위하도록 디카시집을 발행한 관계자 여러분과 동 시집에 참여하신 시인 여러분께 온 마음으로 감사와 함께 축하를 드립니다.

감사합니다. 평안 하십시오.

차례

발간사 • 김춘희　　　　　　2
책 머리에 • 다람 강성은　　　4
격려사 • 서방흥　　　　　　6
격려사 • 이근모　　　　　　7

초대 디카시

이근모

연꽃　　　　　　　　　　12
개나리꽃　　　　　　　　13

다람 강성은

이슬여행　　　　　　　　14
떠돌이 빗방울　　　　　　15

PART 1　자연

영원한 힘 - 선달　　　　　　18　　　시선 - 조예화　　　　　　　27
사랑의 힘 - 장영희　　　　　19　　　설송 - 김성옥　　　　　　　28
령감 - 김경희　　　　　　　20　　　순간을 살아도 - 김동휘　　　29
춤추는 갈매기 - 박선옥　　　21　　　사랑 - 리순　　　　　　　　30
갈대 - 최어금　　　　　　　22　　　황성옛터 - 천명철　　　　　31
꽃과 나비 - 태승호　　　　　23　　　파병 - 최갈렙　　　　　　　32
달팽이 - 리춘련　　　　　　24　　　드디어 봄 - 리해자　　　　　33
희망과 소원 - 박화순　　　　25　　　소리추억 - 조예화　　　　　34
아쉬움 - 미목 김경희　　　　26　　　고향의 시냇물 - 최정일　　　35

PART 2　사람

순결한 마음 - 리종화　　　　38　　　겸손 - 김동휘　　　　　　　45
분만 - 김주애　　　　　　　39　　　속탄 맘 - 강응철　　　　　　46
할머니의 삶 - 김경희　　　　40　　　깨우침 - 김혜자　　　　　　47
부부 사이 - 이분선　　　　　41　　　품 - 김동철　　　　　　　　48
풍채 - 심용숙　　　　　　　42　　　낚시 - 장춘선　　　　　　　49
친구 - 전화숙　　　　　　　43　　　지우개 - 선달　　　　　　　50
손군 - 김형애　　　　　　　44　　　뻥튀기 - 문정　　　　　　　51

기다림 - 리순	52	어울림 - 림춘화	54
겨울의 눈물 - 정금룡	53	수선화 - 박정화	55

PART 3 삶

생존 - 최해영	58	추억 - 박선옥	69
인간 실존 - Andy Kim	59	허수아비 - 신정국	70
철 모르니… - 강응철	60	영원한 우정 - 이분선	71
어느 사월 - 리해자	61	거리 - 김애순	72
광대춤 - 김동철	62	인생 걸작 - 심용숙	73
비슬매화 - 문정	63	모정의 밤 - 김혜자	74
쌍둥이 - 김홍란	64	초한전쟁 - 천부	75
엄마 이불보 - 전화숙	65	감귤 두 알 - 김선애	76
매너 - 최정일	66	비디오 인생 - 김경희	77
석별 - 태승호	67	이슬 - 김철	78
꽃과 나비 - 리종화	68		

PART 4 생활

고향 부뚜막 - 천명철	80	석양 - 최어금	90
기대 - 최갈렙	81	봄바람 - 김주애	91
함께 - 김형애	82	내 고향 진달래 - 박화순	92
충전 - 최해영	83	희열 - 미목 김경희	93
마음의 상처 - 김애순	84	귀향 - Andy Kim	94
기다림 - 장영희	85	희망이 부풀다 - 신정국	95
그리움 - 림춘화	86	돌 틈의 사연 - 정금룡	96
류수 - 김성옥	87	매력 - 장춘선	97
유혹 - 리춘련	88	타향살이 - 김홍란	98
다듬잇 소리 - 김봉선	89	아버지 어깨 - 김철	99

PART 5 김춘희 시인 특별 기획전

나와 디카시	102	장미의 비밀	105
꽃 속의 명상	104	그런 여자	106

앵두나무 아래에서	107	공통분모	112
엄마 향기	108	고택	113
그날	109	계시	114
화공은 神	110	지겨워	115
새 쫒던 길냥이	111	아! 옛날이여	116

PART 6   조선족디카시인협회 - 2022년 등단 디카시인

리점숙	118	최화자	153
정생화	123	김덕철	158
한태익	128	김홍화	163
최영숙	133	정명선	168
정정숙	138	김봉녀	173
김영산	143	조문찬	178
양명금	148	박순옥	183

PART 7   특별기획 - 다람 쌤의 디카시 만평

표현법에 따른 김춘희의 디카시	190
바라봄의 법칙에 따라 표현되는 디카시	194
디카시를 통하여 본 아이들 세상	197
인연 속에 탄생하는 디카시	199
나날이 발전하는 이분선의 디카시	201
도전은 늘 새롭다 하시며 언제나 꾸준하신 김영산 시인의 디카시	204
감사가 생활화된 소녀(?) 이점숙의 디카시	207
눈 오는 풍경 속에 어머니가 소환된 디카시	210
미목 김경희의 디카시 사랑	212
사랑의 마음으로 쓴 김미란의 디카시 사랑	214
사회고발 기능 역할로 바라보는 한태익의 디카시	216
수석으로 본 최어금 디카시	219
옛 추억속 이야기에 잠기는 디카시	221

편집 후기 • 다람 강성은   223

초대 디카시

연꽃, 개나리꽃 – 이근모
이슬여행, 떠돌이 빗방울 – 다람 강성은

연꽃

찰랑이는 물결 곤궁하다
적선과 자비가 길을 잃고 헤매는 밤
곤궁한 세상 등불 켜서 밝히나니
마음의 곤궁은 어디서 왔는가?
바라보는 나를 향해 묻고 있는 저 연꽃!

초대 디카시 이근모

개나리꽃

휘늘어진 가지 청아한 자태
꽃물결 넘실거려도 아직은 이른 봄
남풍이 좌선하고 수도 묵상 중이다
개나리 꽃잎 따다 묵상 중인 남풍에 뿌리오니
다만 사랑했노라는 그 묵상 들켜 얼굴 노래졌습니다.

이근모
시인, 시집 『12월 32일의 노래』 등 11집
칼럼 이근모의 시와 이야기
시학과 시 편집 발행인

이슬여행

튀어 달아나지 못하고
땅으로만 뛰어내리니
또르르 굴러 내리다가
죽으면 돌처럼 딱딱해
이슬은 물의 보석
다람 (1953~)

초대 디카시 다람 강성은

떠돌이 빗방울

떠돌이 빗방울 연꽃잎 만나

진주가 되었듯이

우주 속 헤매다 찾아온 나그네

잃어버린 반쪽을 만나

하늘 길 닦아주는 빗방울이 되었네

다람 (1953~)

다람 강성은
문학평론가, 시인
조선족디카시인협회 고문
디카시집 『보찍쓰』 총편집, 공동발행인

PART 1 : 자연

영원한 힘 – 선달
사랑의 힘 – 장영희
령감 – 김경희
춤추는 갈매기 – 박선옥
갈대 – 최어금
꽃과 나비 – 태승호
달팽이 – 리춘련
희망과 소원 – 박화순
아쉬움 – 미목 김경희

시선 – 조예화
설송 – 김성옥
순간을 살아도 – 김동휘
사랑 – 리순
황성옛터 – 천명철
파병 – 최갈렙
드디어 봄 – 리해자
소리추억 – 조예화
고향의 시냇물 – 최정일

영원한 힘

다 죽어서 뚝뚝 부러지는 가지에도
젖줄기 물리여서 숨통 틔우는
투박하고 무식하고 불가사의한
그러나 신의 존재보다 더 위대한
어미 된 힘은 영원히 가늠치 못하리

선달(1958년생)

사진작가
연변조선족 촬영가협회 회원
길림성 촬영가협회 회원

PART 1 : 자연

사랑의 힘

비가 오나 눈이 오나
그대와 함께라면
마음은 언제나 봄이라오

장영희(1968년생)

흑룡강성 치치하얼 출생
현재 상해 거주, 디카시 애호
조선족디카시인협회 수상 『사랑의 힘』『기다림』『오남매』 등

령감(靈感)

결혼날 엄마가 안겨주던
이쁜 모양의 자부동
아이디 출처를 알 것 같다
엄마거미 생각난다

김경희(1967년생)

흑룡강성 계서 출생
<민족문학> 등 다수 계간지에 작품 발표
KBS 방송 우수작 당선 몇 편

PART 1 : 자연

춤추는 갈매기

아름다운 봄에 취한 갈매기
바다 떠나 뭍에 내렸네
흰 날개 쫙 펴서 춤추는 저 모습
너무 아름다워 보는 눈 황홀케 하누나

박선옥(1952년생)

료녕성 관전 하로하향 출생, 현) 한국 인천 거주
조선족디카시인협회 월별 디카시 수상작 심사에서 금상, 은상 망부꽃
등 수상경력과 그 외 다수 창작

갈대

끝없는 사랑에도 무엇이 아쉬운지
바람을 부여잡고 자꾸만 하소연할가
인생 꽃 삶의 이야기 흰 서리로 나부끼네

최어금

연변 농학원 축목수의 수료, 연변 재정학교 공업회계졸업.
은행 계통에서 신용사 회계사, 주임.
연변 아동문학 작품집 『양배추와 애벌레』(최어금 등 저), 한국 『문학의 강』
신인문학상 수상 - 제16회 <중국 조선족 청소년 음악제>에서 우수상 수상.
중국 연변 조선족 자치주 아동문학연구회 회원(중국민족잡지에 시 발표)
현재 문화교류협회 회장

PART 1 : 자연

꽃과 나비

꽃이 나비로 변신했나
나비가 꽃으로 변신했나
하늘이 맺어준 천생연분
변함없는 사랑이여!

태승호(1957년생)

림성 룡정시 출생
공무원 사업에 종사
수필 <연변문학>에 발표

달팽이

느리다고 비웃지마라
근심걱정 내려놓고 미련 없이
한 뼘 한 뼘 쉬지 않고 열심히
사는 것이 우리 인생이니라

리춘련(1947년생)

흑룡강 의란현 출생
중앙인민 라디오 방송에 수필 시 다수 발표

PART 1 : 자연

희망과 소원

우리가 없다면 이 세상의 향기도 없다는 것을
사랑의 꽃 가정의 꽃 민족의 꽃으로
활짝 필 거예요
화사하고 아름답게

박화순(1949년생)

길림성 서란 출생
현재 천진시 거주
길림시 조선족 사범부 졸업
조선족 디키시인 협회 회원

아쉬움

한평생 함께 살고픈데

언젠가는 누가 먼저 갈지

미목 김경희(1954년생)

『인생은 미완성 숙제』『더 미워질 데 없는 여자』 등 6편
수기 전국조선족녀성애심포럼 수상
《즐기며 살아보세》 작사한 노래 연변텔레비죤 음력설야회
방송, 취미생활로 글쓰기 서예 화술공부 등

PART 1 : 자연

시선

무릎 꿇고 눈높이를 낮추었더니
또 다른 세상이 보인다.
작은 풀과 작은 꽃, 어린 아이…
초록, 분홍, 노랑 색채가 어우러진
이쁘고 순수한 동심까지…

조예화(1980년생)

길림성화룡시 출생
현재 광동성혜주시 거주
무역회사 근무
디카시 애호가, 사진촬영 애호가

설송(雪松)

일년 사시절 푸르른 기백

자연과 어울려 기세 드높네

눈송이 청송이 화합하여

춘삼월 멋진 신사 뽐내네

김성옥(1954년생)

흑룡강성 목단강시 출생, 북경거주
학력: 대학
2002년 흑룡강조선어방송국 수필응모 대상으로 등단하여 <연변여성> 백일장 은상, 길림신문사 <미인송>컵 은상
북경조선말방송국, 흑룡강신문 수필 다수 발표
흑룡강성 목단강시 조선족문인협회 회원, 조선족디카시인협회 회원

PART 1 : 자연

순간을 살아도

풀잎 위에 집 한 채

다이아몬드처럼

반짝이는 방이다

햇살과 한 몸을 이룰 뿐

이슬은 슬픔을 모른다

김동휘(1955년생)

연길시 팔도 출생
원 연변 로교수 병원 중의과 근무
현재 서울 독산동에서 건강원 운영 중
수필, 칼럼 시 다수 발표
한국 KBS 한민족 방송 우수상 8회

사랑

사랑 찾아 천만리

사랑에는 국경이 따로 없더라

리순(1972년생)

중국 룡정 출생, 현재 한국 거주
직장인, 자영업자
취미 - 독서, 사진찍기

PART 1 : 자연

황성옛터

세상을 호령하던 태화전 주인이여
희노애락 인간사를 이제는 알겠구려
누리던 부귀영화 바람 따라 사라질제
왔다 가는 계절이 무상키만 하구려

천명철(1971년생)
흑룡강성동녕시 태생
북경대학화학과 졸업
현재 상해 거주

파병(派兵)

물에 있어야 할 새우(虾)

나무에 올라서서

하늘을 향하여 외치고 있다

최갈렙(1967년생)
길림성 룡정시 출생
80년대에 <신문>과 <방송>에서 여러 번 발표.

PART 1 : 자연

드디어 봄

보름달이 풀 위에 내려앉았다
머리가 희도록 보고 싶었던 봄이다

 **리해자(1986년생)**
길림성 화룡시 출생
화룡시적십자회 회계
자연에서 글쓰기 취미

소리추억

흐르고 돌리고 머무는 사이
들려오는 졸졸졸 물소리 타고
추억은 샘물터로 날아갔다네

조예화(1980년생)

길림성화룡시 출생
현재 광동성혜주시 거주
무역회사 근무
디카시 애호가, 사진촬영 애호가

PART 1 : 자연

고향의 시냇물

동년이 한발 두발 건너가고

추억이 하나 둘 셋 건너온다.

최정일(1963년생)

화룡시 진달래민속촌 출생
연변대학조선언어문학부(통신대)졸업
연변작가협회 제11기 문학강습반 수료
수필『나를 풍족해지고 윤택하게 하는 것은』(연변일보)으로 등단
가사 <진달래 마을> 등 가사와 시조 30여수 발표

_ 35

PART 2 : 사람

순결한 마음 – 리종화
분만 – 김주애
할머니의 삶 – 김경희
부부 사이 – 이분선
풍채 – 심용숙
친구 – 전화숙
손군 – 김형애
겸손 – 김동휘
속탄 맘 – 강응철

깨우침 – 김혜자
품 – 김동철
낚시 – 장춘선
지우개 – 선달
뻥튀기 – 문정
기다림 – 리순
겨울의 눈물 – 정금룡
어울림 – 림춘화
수선화 – 박정화

순결한 마음

티끌 하나 없는 백사장에 뒹구는
파도와 하얀 마음,
알것 같아라,
강물이 왜 바다를 품으려 하는지를…

리종화

길림성 화룡시 출생
미술, 촬영업에 종사
퇴직 후 각종 신문 잡지에 시 50여 수

PART 2 : 사람

분만

이제 곧 태여날 너로 인한

엄마 아빠의 눈물과 땀방울

만감이 교차 되는구나

김주애(1971년생)
흑룡강 탕원 출생
대학전공 - 국제무역
직업 - 자동화 설비

할머니의 삶

흐리어가는 할머니의 시선인가
그제날엔 안개속 해매듯하는
어이없는 삶이였는데
삶의 끝자락에서마저도 찾으시던
랑군님을 저세상에서 만나셨나

김경희(1967년생)

흑룡강성 계서 출생
<민족문학> 등 다수 계간지에 작품 발표
KBS 방송 우수작 당선 몇 편

PART 2 : 사람

부부 사이

네가 잘났나 내가 잘났나
얼굴 붉히며 싸워봐도
칼로 물 베기

이분선(1954년생)

중국 길림성 안도현 출신
녕안시 동경성 림업국 퇴직
현재 천진시에 거주
디카시 애호가

풍채

창공을 향해 거연히 솟은 몸
붕새인 양 한껏 펼친 꿈의 나래
변함없는 푸른 절개에 결백을 품으니
대장부의 위용 더욱 장관이구나

심용숙(1967년생)

길림성 동풍현 출생
1986년 연변제일사범학교 졸업
현재 심양시혼남구조선족학교 교원
료녕성조선족문학회 회원
신문, 잡지에 수필 십여 편 발표

친구

친구야, 안녕~
걷기운동 견지하자!
뭐니뭐니 해도
건강이 최고야!

전화숙(1970년생)
료녕성 심양시 출생
교육사업에 종사
중국조선족교육 교원수기 발표
료녕신문 수필 발표
한국공주대학 연수

손군

구부정한 허리로

내 손군 업어 불편하지 않을까

걱정스럽구나

김형애(1953년생)

길림성 훈춘시 출생
훈춘시 우전국 화무원, 연길시 상업계통 업무원 퇴직
퇴직 후 연변청년생활잡지 수필발표 은상, 동상
로년세계 수필발표 우수상
연길 생태문예잡지 시조 수십수 발표
해외 세종문학 시조 여러 수 발표

PART 2 : 사람

겸손

쓰러지는 게 아니다
일부러 몸을 낮출 뿐이다

낮아지는 자
높임을 받으리라

김동휘(1955년생)

연길시 팔도 출생
원 연변 로교수 병원 중의과 근무
현재 서울 독산동에서 건강원 운영 중
수필, 칼럼 시 다수 발표
한국 KBS 한민족 방송 우수상 8회

속탄 맘

오늘일가 내일일가
남들은 이른 봄에 시집간다고 난리인데
우린 언제 피어 나비 불러오지
애타서 가슴 막 헤치고 싶구나

강응철(1952년생)

길림성 룡정시 출생
연변교육원 졸업
1976~2012년 교육사업
2022년 한민족 신문에 수필 3편 발표

깨우침

저무는 인생 황혼의 나루터에 걸터
앉아 남은 날 낚아볼가 던진 욕심줄에
창공을 가로질러 스치는 섬광
가라앉은 몸과 마음 건져 올리는
울림의 메아리여~~ "일체유심조"

김혜자(1952년생)

학력 대졸
현 대련시 조선족문학회 회원
연변문학, 장백산, 연변인민출판사, 연변녀성, 로년세계
한국 문학생활등 잡지에 시, 수필 발표
애심녀성컵 제7기 "입선상" 수상, 한국KBS 한민족 방송 우수작다차선정

품

계절이 재촉하니
떠나가야 할 시간
뱅그르르 내려오다
아쉬운 듯 엄마 품에
애틋하게 안겨보네

김동철(1957년생)
1975년 고중 졸업
1992년 중앙당교 졸업
연길거주, 현재 서울거주

PART 2 : 사람

낚시

창공을 향해 거연히 솟은 몸
붕새인양 한껏 펼친 꿈의 나래
변함없는 푸른 절개에 결백을 품으니
대장부의 위용 더욱 장관이구나

장춘선(1966년생)

중국 길림성 도문 출생
연길에서 진료소 운영
문학, 독서, 등산, 글쓰기 등 취미

_ 49

지우개

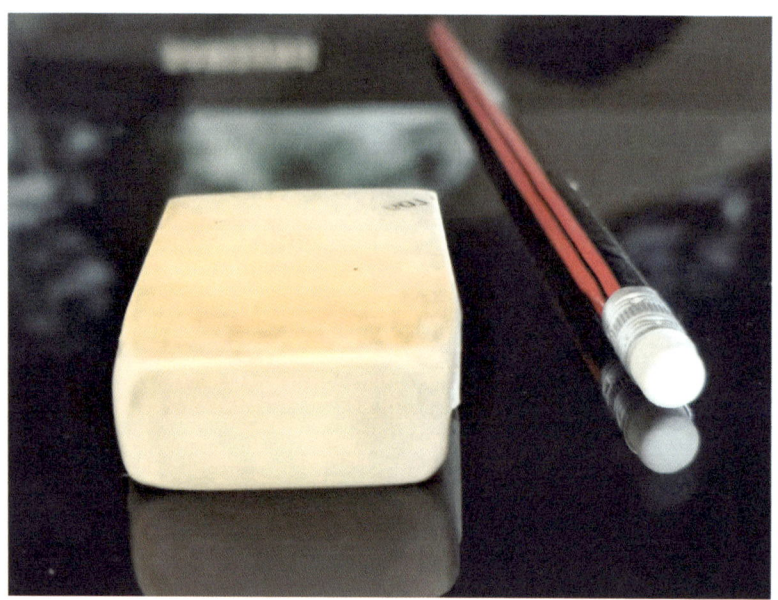

지울 때는 미련도 함께 지워내야
산고의 피를 토하는 신음을 지고서
비옥해진 순백의 터전 위에
또 다른 해탈이 힘찬 고고성을 지를 것이다

선달(1958년생)

사진작가
연변조선족 촬영가 협회 회원
길림성 촬영가 협회 회원

PART 2 : 사람

뻥튀기

세월은 흐르며
추억을 싣고 간다지만
추억 속 그 향기
지금도 솔솔
이 가슴에 풍겨 오네

문정(본명 문광수, 1965년생)
길림성 매화구시 출생
단편소설 2편 발표, 수필, 시 수십편발표
전국대중소학교 조선어문교원 글짓기콩클 중학조 금상
KBS 한민족방송 우수상 수상

기다림

봄날인 듯 봄날아닌
겨울 아닌 듯 겨울인 이 계절에
앙상하게 여윈 이 나무만 애타게 조용히
하염없이 저 먼 바다만 바라보면서
봄날을 기다리네

리순(1972년생)

중국 룡정 출생, 현재 한국 거주
직장인, 자영업자
취미 - 독서, 사진찍기

PART 2 : 사람

겨울의 눈물

입춘이 살짝살짝 다가오니
떠나야 하는 슬픔에
겨울이 눈물로
길바닥을 적시네

정금룡(1950년생)
길림성 훈춘시 량수향 출생
2010년 도문시 시정공정유한회사 정년퇴직

어울림

생면부지 두 갈래 강물이
여기서 서로 만나
네것 내것 따로 없이
더 넓은 미지의 세계에로 달린다.

림춘화(1956년생)

룡정시 동성용진 룡산촌 출생
1980년 연변 위생학교 졸업
연변고무공장병원에서 간호사, 화험사로 근무하다가 정년퇴직

수선화

치맛자락 날리며
저 푸른 하늘로
그네 타고 훨훨
정열, 희망, 사랑을 물감으로
우아한 그림 펼쳐간다.

 **박정화**(1969년생)
대련시 조선족학교 부서기
수필 「그릇」 등 수십편 발표
2010 <길림신문> 주최 <미인송>컵 수필 신인상 수상

PART 3 : 삶

생존 – 최해영

인간 실존 – Andy Kim

철 모르니… – 강응철

어느 사월 – 리해자

광대춤 – 김동철

비슬매화 – 문정

쌍둥이 – 김홍란

엄마 이불보 – 전화숙

매너 – 최정일

석별 – 태승호

꽃과 나비 – 리종화

추억 – 박선옥

허수아비 – 신정국

영원한 우정 – 이분선

거리 – 김애순

인생 걸작 – 심용숙

모정의 밤 – 김혜자

초한전쟁 – 천부

감귤 두 알 – 김선애

비디오 인생 – 김경희

이슬 – 김철

생존

사람마다
서로 다른 방식으로
자신의 무대에서
팽이처럼 거북이처럼 살아간다

최해영(1978년생)
료녕성 심양시 출생
<2020년 북경애심여성네트워크> 행시대회 금상 수상
현재 북경거주

인간 실존

무의식이 나에게 속삭인다
너의 진정한 그림자는 어디에 있느냐고?
그는 안다
내가 여러 개의 가면을 쓰고 있는 것을

 Andy Kim, 김윤식(1957년생)

섬유 수출 에이전트, Be corp 대표(Brand-Bugle boy, Guess, Kenneth cole, etc)
현재 성경 연구 및 인문학 공부

철 모르니…

봄이 한참 여름을 맞는데
너는 벌써 가을을 알리느냐
너무 앞서가면 코 다친다
일에는 척도가 따르는 법이니라

강응철(1952년생)

길림성 룡정시 출생
연변교육원 졸업
1976~2012년 교육사업
2022년 한민족 신문에 수필 3편 발표

어느 사월

산들거리던 봄바람도
의미를 잃은 채 저 혼자 스쳐 가고
하늘거리던 복사꽃도
세상을 등진 채 외로이 피어난다
코로나에 발 묶인 고독한 사월

리해자(1986년생)
길림성 화룡시 출생
화룡시적십자회 회계
자연에서 글쓰기 취미

광대춤

누가 뭐라 해도
머리 풀어헤친 야자나무
역병과 전쟁을 저주하며
광대춤을 멈추지 못하네

김동철(1957년생)
1975년 고중 졸업
1992년 중앙당교 졸업
연길거주, 현재 서울거주

PART 3 : 삶

비슬매화

나라를 빼앗긴

무수한 혁명 선열들

너무도 원통해

깨문 입술 터져

꽃이 되었나

문정(본명 문광수, 1965년생)
길림성 매화구시 출생
단편소설 2편 발표, 수필, 시 수십편발표
전국대중소학교 조선어문교원 글짓기콩클 중학조 금상
KBS 한민족방송 우수상 수상

쌍둥이

십여 분 차이로 함께 왔건만
생각이랑 마음이랑 너무도 달라
혹시 너희들도 그러니??

김홍란(1968년생)

길림성 화룡시 출생
1990년 6월. 중앙민족대학 졸업
부동산 관련 업무 종사
현재 연길 거주

엄마 이불보

한 코 한 코 사랑을 담아
한 무늬 한 무늬 행복을 싣고
정성 들여 설계한 인생 그래프
인생은 스스로 만드는 것이다.

전화숙(1970년생)

료녕성 심양시 출생
교육사업에 종사
중국조선족교육 교원수기 발표
료녕신문 수필 발표
한국공주대학 연수

매너

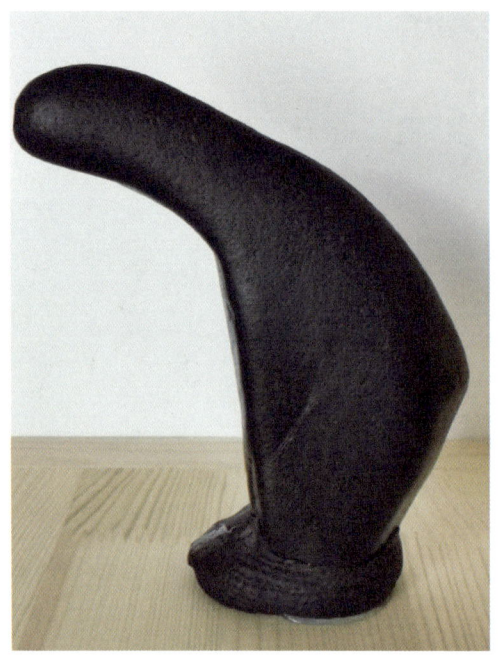

고개를 쳐든 가라지보다는
항상 상대를 존중하고 공경하는
그대의 매너가 부럽다

최정일(1963년생)

화룡시 진달래민속촌 출생
연변대학조선언어문학부(통신대)졸업
연변작가협회 제11기 문학강습반 수료
수필 『나를 풍족해지고 윤택하게 하는 것은』(연변일보)으로 등단
가사 〈진달래마을〉 등 가사와 시조 30여수 발표

석별

떠나는 그 날까지
순정을 담아
그대에게 즐거움
선사하고 싶어요

태승호(1957년생)
림성 룡정시 출생
공무원 사업에 종사
수필 <연변문학>에 발표

꽃과 나비

수많은 아씨가 웃으며 유혹해도

포옹하고픈 아씨가 따로 있거늘,

누가 뭐라 하랴

리종화
길림성 화룡시 출생
미술, 촬영업에 종사
퇴직 후 각종 신문 잡지에 시 50여 수

추억

이건 내거야~ 아니 요건 내거야
밀치락 뒤치락 하하하하 서로 빼앗아 먹는 재미
제일 행복한 시간 영원한 추억으로 남을 거야

박선옥(1952년생)

료녕성 관전 하로하향 출생, 현) 한국 인천 거주
조선족디카시인협회 월별 디카시 수상작 심사에서 금상, 은상 망부꽃
등 수상경력과 그 외 다수 창작

허수아비

비 오나 바람이 부나 밤낮없이
드팀 없이 자기 초소를 지키는
충성스러운 초병을 연상 케하네

신정국(1952년생)

연변 훈춘에서 출생
연변사범학교 연변대학 조문전업 졸업
연변작가협회 회원, 연변아동문학학회 회원, 연변복합상징시동인회 회원
수필 동화 동시 동요 가요 수십편 발표
시집 『바다 그리고 사막』 출간

PART 3 : 삶

영원한 우정

금쪽같은 우정을 하트로 찍어주고
푸른 하늘 우러러
심장으로 그려냈다
하나가 된 마음
꽃들이 축복해 주는 하모니

이분선(1954년생)
중국 길림성 안도현 출신
녕안시 동경성 림업국 퇴직
현재 천진시에 거주
디카시 애호가

거리

눈앞에 두고도 다가설 수 없는
허기진 마음
돌아서지 못하고 바장인다
넋만 빼놓고 멀어져 가는 아름다움이여
메마른 슬픈 메아리만 넘나드누나

김애순(1959년생)
흑룡강성 녕안 출생, 퇴직교원
「보낼수 없는 편지」 등 수필 수십편 발표

PART 3 : 삶

인생 걸작

바위틈을 뚫고 자라는 생명
신기함과 기적에 가슴이 설렌다
인내의 년륜 속에 견인의 달인으로
희망 동경 앞세우고 지침으로 다가선다

심용숙(1967년생)

길림성 동풍현 출생
1986년 연변제일사범학교 졸업
현재 심양시혼남구조선족학교 교원
료녕성조선족문학회 회원
신문, 잡지에 수필 십여 편 발표

모정의 밤

교교한 달빛 속에 깊이 잠든
밤을 하얗게 밝히며 속삭이시네
보고파도 그리워도 슬퍼하지 말라고
단 한시도 내 곁을 떠난 적 없노라고
소복 차림 단아하신 꿈에 뵌 울 엄마

김혜자(1952년생)
학력 대졸
현 대련시 조선족문학회 회원
연변문학, 장백산, 연변인민출판사, 연변녀성, 로년세계
한국 문학생활등 잡지에 시, 수필 발표
애심녀성컵 제7기 "입선상" 수상, 한국KBS 한민족 방송 우수작다차선정

초한전쟁

항우 "장이야", 유방 "멍이야"
얻은들 무엇이 기쁘고 잃은들 무엇이 슬프랴
전쟁은 승자가 없다, 패자도 없다
도탄 속에 빠진 사람은 민초들뿐
참혹한 러시아-- 우크라이나 전쟁도

 천부
신문문예부간 여러 잡지에 글 다수 발표
번역사업에 종사

감귤 두 알

감귤 두 알 보거들랑

따지 말고 그냥 오소서

감귤 따라 가다가다

향기가 머무는 곳에서

그대를 기다리오리

김선애(1955년생)

룡정시 동성용진 룡산촌 출생
길림성 룡정시 출생
1974년부터 4년간 덕신공사 영동소학교에서 근무
1998년 룡정시 오금공사에서 퇴직
퇴직후 룡정시 삼용약국 경영
현재까지 상해 거주

PART 3 : 삶

비디오 인생

이쁜 애들 한 가슴 낳아 안았다만
이제부터 까맣게 타들어 갈 그 속
눈에 보이는 듯하구나

김경희(1967년생)

흑룡강성 계서출생
<민족문학> 등 다수 계간지에 작품 발표
KBS방송 우수작 당선 몇 편

이슬

그 사람 만나기 위해
밤새워 눈물로 기다리다
뜨거운 사랑으로 나누는 입맞춤
생은 짧아도 찬란한 빛 품고 떠난다

김철(필명: 김철하, 1963년생)

길림성화룡출생, 현 한국수원거주
길림성 화룡시 팔가자 고중 졸업
현재 연변가사협회 회원, 재한동포문인협회 회원
여러 잡지에 시 및 가사 발표, 연변방송 및 연변라지오
노래 여러 수 발표

PART 4 : 생활

고향 부뚜막 – 천명철

기대 – 최갈렙

함께 – 김형애

충전 – 최해영

마음의 상처 – 김애순

기다림 – 장영희

그리움 – 림춘화

류수 – 김성옥

유혹 – 리춘련

다듬잇 소리 – 김봉선

석양 – 최어금

봄바람 – 김주애

내 고향 진달래 – 박화순

희열 – 미목 김경희

귀향 – Andy Kim

희망이 부풀다 – 신정국

돌 틈의 사연 – 정금롱

매력 – 장춘선

타향살이 – 김홍란

아버지 어깨 – 김철

고향 부뚜막

초라한것 같지만

너로 인해 내 살과 뼈가 불어났다

언젠가는 내 살과 뼈로 부식토를 만들어

너에게 還原하리

천명철(1971년생)

흑룡강성동녕시 태생
북경대학화학과 졸업
현재 상해 거주

기대

페경지가 설계도에 의하여 깊이 패이니
넓은 건설장이 되여지고
꿈이 클수록 아픔을 깊게 겪게 되며
마음이 깊게 패일수록 속성이 나타난다.

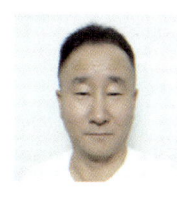

최갈렙(1967년생)
길림성 룡정시 출생
80년대에 <신문>과 <방송>에서 여러 번 발표.

함께

세월의 시련과 풍설 속의 흔적
너 지켜주는 내 마음 변함 없거늘
그 고마움 향기로 전할게요

김형애(1953년생)

길림성 훈춘시 출생
훈춘시 우전국 화무원, 연길시 상업계통 업무원 퇴직
퇴직 후 연변청년생활잡지 수필발표 은상, 동상
로년세계 수필발표 우수상
연길 생태문예잡지 시조 수십수 발표
해외 세종문학 시조 여러 수 발표

PART 4 : 생활

충전

오늘도 책 따라
지경이 넓어지고
세상을 알아가고
자기를 발견한다

최해영(1978년생)
료녕성 심양시 출생
<2020년 북경애심여성네트워크> 행시대회 금상 수상
현재 북경거주

마음의 상처

뻥 뚫린 가슴

획획 스쳐 지나는 칼바람

메울 수가 없어

방치해 두었더니

그대로 굳어져 버렸다

김애순(1959년생)

흑룡강성 녕안 출생, 퇴직교원
「보낼수 없는 편지」등 수필 수십편 발표

기다림

이리보고 저리봐도
내 님은 나타나지 않네
날 잊은 건 아니겠지

장영희(1968년생)
흑룡강성 치치하얼 출생
현재 상해 거주, 디카시 애호
조선족디카시인협회 수상 『사랑의 힘』『기다림』『오남매』등

그리움

하얀 저고리 검정 치마,
비녀 꽂은 머리 위에 물동이 이고서
얼굴에 흐르는 물 손으로 훔치며
싸리문 열고 들어서시던 우리 할머니,
따뜻한 그 손길 그립습니다.

림춘화(1956년생)

룡정시 동성용진 룡산촌 출생
1980년 연변 위생학교 졸업
연변고무공장병원에서 간호사, 화험사로 근무하다가 정년퇴직

PART 4 : 생활

류수(流水)

고개고개 아리랑 열두 고개
구비구비 아리랑 열두 구비
흐르고 흐르는 우리네 인생
푸르싱싱 힘차게 흘러가세

김성옥(1954년생)

흑룡강성 목단강시 출생, 북경거주
학력: 대학
2002년 흑룡강조선어방송국 수필응모 대상으로 등단하여 <연변여성> 백일장 은상, 길림신문사 <미인송>컵 은상
북경조선말방송국, 흑룡강신문 수필 다수 발표
흑룡강성 목단강시 조선족문인협회 회원, 조선족디카시인협회 회원

유혹

혀 끝이 날름거리고

발 끝이 야심을 불러 일으킨다

리춘련(1947년생)
흑룡강 의란현 출생
중앙인민 라디오 방송에 수필 시 다수 발표

PART 4 : 생활

다듬잇 소리

시집갈 큰언니 이불 안
볕에 바래고 또 바래
다듬잇-살 하던
엄마의 방망이 소리
하얗게 하얗게 들려오네

김봉선(1957년생)

흑룡강성동녕현 출생
퇴직교원
수필집 『봉선화연정』 출판
청년생활, 연변여성, 흑룡강신문, 흑룡강성박사컵, 로년세계 등 응모에서 수상함

석양

먼 길을 오고서도 무엇이
아쉬운지 자꾸만 하소연할가
황혼의 사랑 이야기
노을처럼 타고 있네

최어금

연변 농학원 축목수의 수료, 연변 재정학교 공업회계졸업.
은행 계통에서 신용사 회계사, 주임.
연변 아동문학 작품집 『양배추와 애벌레』(최어금 등 저), 한국 『문학의 강』
신인문학상 수상 - 제16회 <중국 조선족 청소년 음악제>에서 우수상 수상.
중국 연변 조선족 자치주 아동문학연구회 회원(중국민족잡지에 시 발표)
현재 문화교류협회 회장

PART 4 : 생활

봄바람(红杏出墙)

미모의 녀인네들 담장 넘어로
손짓하며 인물 자랑 한창이네
봄 경치 가득찬 뜰 안엔
통제 불능이로구나!

김주애(1971년생)

흑룡강 탕원 출생
대학전공 - 국제무역
직업 - 자동화 설비

내 고향 진달래

나의 고향에는 별들이 많은 곳
앞산 기슭엔 화려한 진달래
엄마의 화전 부침
매일 웃음꽃으로 살고 있는 우리들

박화순(1949년생)

길림성 서란 출생
현재 천진시 거주
길림시 조선족 사범부 졸업
조선족 디키시인 협회 회원

PART 4 : 생활

희열

얼굴엔 웃음꽃 피여나고
가슴엔 사랑꽃 피여나네

미목 김경희(1954년생)
『인생은 미완성 숙제』『더 미워질 데 없는 여자』 등 6편
수기 전국조선족녀성애심포럼 수상
《즐기며 살아보세》 작사한 노래 연변텔레비죤 음력설야회
방송, 취미생활로 글쓰기 서예 화술공부 등

귀향(잃어버린 시간을 찾아서)

희번득거리는 물결이

할머니의 주름살로 보이고

그 등에 엎혀있는 어렸을 때의 나를 소환 시킨다

그리고 엄마 젖을 입에 물던 기억도

Andy Kim, 김윤식(1957년생)

섬유 수출 에이전트, Be corp 대표(Brand-Bugle boy, Guess, Kenneth cole, etc)
현재 성경 연구 및 인문학 공부

PART 4 : 생활

희망이 부풀다

봄바람 불어불어 봉긋이 맺혔나
봄비가 내려내려 봉긋이 맺혔나
희망의 꽃봉오리 날따라 커가네

신정국(1952년생)

연변 훈춘에서 출생
연변사범학교 연변대학 조문전업 졸업
연변작가협회 회원, 연변아동문학학회 회원, 연변복합상징시동인회 회원
수필 동화 동시 동요 가요 수십편 발표
시집 『바다 그리고 사막』 출간

돌 틈의 사연

돌 틈에 핀 민들레 꽃에도
호랑나비는 찾아왔을 거야
보라, 노랗게 웃는 꽃잎을

정금룡(1950년생)
길림성 훈춘시 량수향 출생
2010년 도문시 시정공정유한회사 정년퇴직

매력

그윽한 향기에 취했나
예쁜 너의 모습에 반해
천리마를 탄 왕자님 넋을 잃었네

장춘선(1966년생)
중국 길림성 도문 출생
연길에서 진료소 운영
문학, 독서, 등산, 글쓰기 등 취미

타향살이

장하구나 튤립아
유럽에서 어쩌다
예까지 시집와서
타 민족과 어울리며
할 도리는 다하네

김홍란(1968년생)

길림성 화룡시 출생
1990년 6월. 중앙민족대학 졸업
부동산 관련 업무 종사
현재 연길 거주

PART 4 : 생활

아버지 어깨

고난 세월에 눌리워서
허리 펼 새 없던 그 시절
가정의 중임은 아버지의 몫
아버지의 어깨가 보입니다

김철(필명: 김철하, 1963년생)

길림성화룡출생, 현 한국수원거주
길림성 화룡시 팔가자 고중 졸업
현재 연변가사협회 회원, 재한동포문인협회 회원
여러 잡지에 시 및 가사 발표, 연변방송 및 연변라지오
노래 여러 수 발표

PART 5 : 김춘희 시인 특별 기획전

나와 디카시
꽃 속의 명상
장미의 비밀
그런 여자
앵두나무 아래에서
엄마 향기
그날

화공은 神
새 쫓던 길냥이
공통분모
고택
계시
지겨워
아! 옛날이여

나와 디카시

김춘희

조선족디카시인협회회장, 발행인, 시인

깨달음이란 무엇을 아는 것에서만 주어지는 것이 아니다. 자연을 통하여, 우주를 통하여 또는 인간관계를 통하여 이루어지는 신비한 현상은 명상을 통하여 일어남을 깨닫고 알 수가 있다. 내면에 일어나는 현상도 마찬가지다. 명상과 디카시의 밀접 관계가 여기에 있음을 다람 강성은 선생의 명상강의를 통해 깨달았다.

그 후 못 보던 꽃을 보게 되고, 관심이 없던 하늘의 변화와 계절이 흘러가는 감각을 봄, 여름, 가을, 겨울을 체험하고 생각하게 되었다. 그 후 문학에 깊은 관심을 갖게 되고 나도 모르게 시인의 삶을 살게 되었다.

한국 문단에 시인으로 등단한 이후 디카시에 대한 열정은 깊어만 갔고 그 결과물로 2020년 11월 25일에 나의 첫 시집으로 디카시집 "고리"를 세상에 선을 보였다.

우여곡절 속에 우리민족문학사랑방에서 디카시만 전문으로 하는 천을 다람 선생과 의논하여 분리하여 조선족디카시인협회천을 개설하였고 이로 인해 천원들 디카시 수준이 나날이 발전해 감을 느끼며 나 자신 더욱 사진촬영 기술을 터득하고 떠오르는 영감을 바로 새롭게 언술할 수 있도록 시적 공부도 더욱 열심히 하게 되었다.

이번 보찍쓰 2호에 다람 쌤이 특별 작품기획전을 준비하라는 말씀에 많은 고민을 하였으나, '매도 먼저 맞는 게 낫다'는 속담처럼 회장으로서 부족하지만 오미크론으로 인한 갇힘 속에서 집 앞 정원에 있는 꽃나무들과 여러 특별한 생활 속 영감에 의해 만들어 놓은 작품을 올려놓았다.

몇 년간의 디카시 창작은 나의 의식세계를 많이 확장시켜 주었다. 독자들도 열정을 가지고 촬영하며 디카시를 만들다 보면 더 좋은 디카시들이 탄생할 줄 믿기에 '나와 디카시'의 관계를 서술해 본다.

끝으로 오늘까지 여러 면의 정신적, 학문적, 인생의 나침반이 되어주신 다람 선생님께 머리 숙여 감사를 표합니다. 다람 쌤 사랑합니다.

PART 5 : 김춘희 시인 특별 기획전

시작 노트

    요즘 나의 하루의 생활은 늘상 같은 패턴으로 돌아가고 있다.
    시간 맞춰 막내딸 깨워서 씻기고 아침 먹이고 온라인 수업 준비해 주고 간간이 나와서 제대로 공부를 하는지 아니면 딴짓을 하는지 감시하면서 짬짬이 책을 들여다보고, 오늘 나에게 감동을 준 영적 글들이나 시, 노래 등을 책에 올리며 명상 훈련을 하거나 어제의 디카시를 선별하고 나의 디카시를 만들기도 한다.

    소담스럽게 핀 저 꽃나무를 보면서 방금 유튜브를 통하여 화두를 던지고 그 화두를 설명하는 선승의 강연을 들으니, 책에서 읽은 어떤 구절보다 자연 속에 답이 있다는 선승의 말처럼, 저 꽃송이 하나하나가 마치 선문답의 해결을 기다리는 중생의 모습으로 내게 다가오고 있었다.
    난 다시 두 손을 명치끝에 모으고 긴 호흡법을 통해 몰아의 순간에 들어가 보니 무언가 환히 내 가슴과 머리가 뚫리고 맑게 만들어 짐을 느끼며 이것이 항상 나에게 말한 바로 "꽃 속의 명상"이구나 하며, 그 감정을 담아 디카시를 구성해 본다.

꽃 속의 명상

수많은 군중들이 선승 앞에 모이듯
활짝 핀 꽃들이 군락을 이뤘구나
말없이 주고받는 선문답 속에
소음은 사라지고 참나에 빠져든다.

PART 5 : 김춘희 시인 특별 기획전

장미의 비밀

은밀하게 나에게 찾아와 고백하는 말
당신을 만남은 행운이기에 오늘도
사랑합니다. 죽을 때까지 이 마음 지킬게요
언제나, 언제까지나
당신은 나의 생명이며 꺼지지 않는 등불입니다.

그런 여자

중년의 고상함이 석류꽃처럼 풍기는 여자
원초적 관능미와 여성스러움 풍기는 여자
속 깊은 석류알처럼 지성미로 무장된 여자
자유로운 영혼을 소유한 그런 여자이고 싶어라

PART 5 : 김춘희 시인 특별 기획전

앵두나무 아래에서

앵두가 주렁주렁 달린 잎 위로 벌레가 보인다
벌레가 찢어논 잎사귀 사이로 하늘이 보인다
후두둑 떨어지는 봄비 소리에 물방울이 구른다
느릿느릿 달팽이 한 마리가 곡예를 한다

엄마 향기

꽃술 희롱하는 벌 나비 찔레꽃 이곳저곳
꿀과 화분 정신없이 퍼 나르고
시샘하는 딸아이 꿈속을 유영하듯
찔레꽃 향기에서 엄마냄새 난다고
찔레 꽃잎을 젖처럼 빨고 있다

PART 5 : 김춘희 시인 특별 기획전

그날

분명 꿈은 아닌데
자꾸 떠오르는 너의 모습
무언가 가슴 깊은 곳에서 밀고 올라와
그 날 그 시간 그곳에 추억이 심어졌나 보다

화공은 神

3월 순꽃눈을 촘촘히 틔우는 앵두나무
아파트 벽면에 화공의 예술이 펼쳐진다
살아 움직이는 한 폭의 수목화 아름다움이

PART 5 : 김춘희 시인 특별 기획전

새 쫓던 길냥이

강아지만큼 큰 길냥이가 두 눈을 부릅뜨고
나무 위를 쳐다보며 하는 말
"나하고 같이 놀자, 안 잡아먹지"
"내가 바본 줄 아니, 나 잡아봐라" 하며
새 똥을 갈기면서 날아가 버린다

공통분모

영혼과 전기는 어떤 점이 같고 다를까
끝없는 의문 속에 헝클어진 전선줄이 답을 준다
영혼은 시공간을 초월하여 신을 향해 다가가고
전기는 미친 여자 머리카락처럼 도시에 흩어져
인생들 행복한 밝은 삶 위하여 오늘도 다가간다

고택

성스러운 담쟁이 하늘을 뒤덮듯
너의 용트림에 깊은 사연 담아서
황포강 불어온 지난여름 폭풍우
수많은 흔적들 내 몸에 새겼구나

계시

빛과 어둠의 조화
신의 연출이 시작되었다
신과 인간이 합작한
먹장구름과 빛의 조화 심포니 향연
사랑의 하모니 공연

PART 5 : 김춘희 시인 특별 기획전

지겨워

아이들과 한 달 넘게 집콕하는 신세 처량하구나
8살 딸아이 넓은 공원 도화지에 잔뜩 그리며
딸아이 최대 소원은 마음껏 달려보는 것이란다
공동구매 수박 한쪽에 자연의 싱그러움 느끼며
그래도 웃어본다. 먹을 수 있는 행복 있음에.

아! 옛날이여

아름다울 권리는 여자의 특권이라며
나만의 빛깔, 나만의 창조, 나만의 행복 추구
겉모습으로 치장하던 지난날들
마음공부 속 오늘의 삶 돌이켜 보니
모든 것이 부질없는 일순간 흔적이었구나

PART 6 : 조선족디카시인협회 2022년 등단 디카시인

리점숙
정생화
한태익
최영숙
정정숙
김영산
양명금

최화자
김덕철
김홍화
정명선
김봉녀
조문찬
박순옥

조선족
迪卡诗人협회

리점숙

진달래의 사랑

날씬한 허리에 길목에서
새각시 수줍은 듯
연분홍빛 얼굴 속삭이고 있네
꽃을 사랑했던 여인
나비가 되어 찾아 왔다

리점숙

산책길 벤치

걷다가 벤치에 앉아
저 낙엽처럼 모든 것 다 내려놓고
마음을 비우고 바라보는 풍경
짙어가는 가을은 더욱 아름답다

리점숙

사리(舍利)

늘 푸른 줄만 알았는데
수행 끝에 사리를 토해 내는
너의 깨끗한 마음…
눈물이 아니라 사리란 것을 알았다

리점숙

마음의 정화(舍利)

자연과 소통하여
몸과 마음을 정화하며
내 마음 평안을 주는 힐링이 되는 곳에
내 영혼이 머무는 곳이라네

리점숙

소감 : 디카시와 나

언제부터인가 사진촬영 취미에 매료되었습니다. 하여 주의 깊게 생활 주변을 관찰하고 발견되는 많은 아름다운 풍경들을 카메라 렌즈에 담곤했습니다.

사진 실력을 높이고 싶어 상해 화동대학 사진촬영 강습반 모집에 신청하여 두 학기 동안 사진촬영 기초지식을 터득했습니다. 언제나 아름다운 풍경을 촬영할 때면 느낌을 그대로 적고 싶어지는 마음이 한 두 번이 아니었습니다.

하지만 쓰고 싶어도 어떻게 언술을 해야 할지 몰랐었습니다.

그러던 중 김춘희 시인님의 소개로 조선족문학사랑방에 초대받게 되면서 문학을 접하고 배우게 되었습니다. 문학을 좋아하는 저였지만 그 시기에 제대로 못 배운 지식에 항상 아쉬움이 있었습니다.

문학방에 참여한지 벌써 4년이란 시간이 흘렀습니다. 그동안 많은 것을 배우며 성장해 왔다고 스스로 생각합니다. 시인이며 평론가인 다람 선생님의 가르침을 받으며 초기의 행시 쓰기부터, 시조, 자유시, 디카시까지 시 창작 기초를 배울 수 있게 되었습니다. 무엇보다 디카시 창작에 더욱 흥취를 갖게 되었습니다. 2019년 9월에 한국의 디카시 창시자이신 이상옥 교수님께서 연변에 오셔서 강의하신 디카시 강좌를 듣고 더욱 열심히 노력하게 되었습니다.

아마추어였던 저가 디카시 창작에서 조금이나마 성과를 거두게 된 것은 다람 선생님을 비롯한 여러 선생님들의 가르침과 지도의 덕분이라 생각합니다.

어쩐지 등단까지 하게 되다니 믿기지 않을 정도로 기쁘지만 당황스럽고 두렵습니다.

여러모로 미흡한 부분이 많음에도 늘 칭찬과 격려를 주시는 다람 시인님께 진심으로 머리 숙여 감사드립니다. 앞으로 더 디카시 창작에 노력하라는 채찍으로 알고 더욱 정진하겠습니다.

그동안 부족한 저를 응원해주시고 사랑해 주신 함께한 여러분들께 진심으로 감사드리며 이 기쁨을 함께 나누고 싶습니다. 감사합니다.

리점숙(1953년생)
길림성 매하구시 출생
교육사업에 종사
디카시 「세상에 이런일이」 외 다수 발표

정생화 (필명: 들꽃)

폭포

쏟아진다

봄이

정생화 (필명: 들꽃)

산책길 벤치

함께 걸어온 세월
핑크빛 사랑으로
물들이고 싶어요

그대 꿈에
그리움을 수놓으며

정생화 (필명: 들꽃)

시간

4차원 공간으로

우리의 과거와 미래를 담아

관악의 짙은 한여름이 흘러간다

정생화 (필명: 들꽃)

향수

흐드러지게 피어 있는 코스모스
한 잎 두 잎 튕기며 소꿉장난하던
그 시절 어린 소녀
그때 그 등굣길

PART 6 조선족디카시인협회
2022년 등단 디카시인

정생화 (필명: 들꽃)

소감 :

하나님이 맺어 준 인연으로 "디카시"와 만났다. 영혼이 담긴 한 컷 한 컷의 사진과 한글 활자는 한몸이 되어 태어난다. "디카시"는 누구나 한글을 매개로 사진과 함께 작품을 완성시킬 수 있다. 현재 스마트폰과 SNS의 기능은 현대인들에게 매우 많은 잠재적 재능들을 개발하게 하고 작가의 길을 걸어갈 수 있는 편의를 제공해 준다. 이러한 시대적 흐름 속에서 선두자로 중국동포사회에 "디카시"를 보급하고 또 이 일에 헌신하시는 선생님들이 계신다. 이들의 노고로 "보찍쓰" 계간지가 창간되었다. 오늘날 통합을 요구하는 새 시대에서 "디카시"는 분명 唐詩와 같은 예술성과 문학성을 가지고 발전해 나갈 것이다. 이러한 가운데, 비평가들에 의해 비평되고 보다 "디카시" 다운 작품들이 독자들에게 다가갈 수 있기를 기대해 본다. 작품 등재 요청으로 한국 디카시 연구소 유튜브에서 소개되었던 졸작 「폭포」 작품과 함께 부족한 "디카시" 몇 수를 송부한다.

정생화 (필명: 들꽃)
생활문학에 「그날 그 곳에」 등 다수 발표
학문을 하고 글을 쓰면서 사는 삶을 지향

한태익

사랑

해와 달이다

서로 떨어지지 않는

끊을래야 끊을 수 없는 정

진달래꽃

한 송이 꽃보다 천 송이 만 송이
떨기떨기 곱게 핀 진달래꽃
화창한 새봄 불러와요
혼자보다 함께가 행복하다 해요

한태익

고향의 넋

하겐나커피숍이여!
연변의 황소를
김향자 작가의 황소 사진전시회를 둘러보니
4월의 평강벌들판에서
소영각소리 들려오는 듯

산행

그 어느 가수가 노래했던가
토요일은 밤이 좋다고
산이 좋은 사람들
토요일은 산에 가서 싱글벙글…

아픔

오십 년 넘게 자라며
사람들에게 그늘도 지어주고
맑은 산소도 주었건만
누구 때문에 이 지경이 되였는가?

한태익

소감 :

디카시로 등단하게 된다니 떠오르는 아침의 태양을 바라보듯 가슴이 벅차오릅니다.

내가 디카시를 좋아하고 쓰게 된 것은 사진과 언술의 환상적 조합이 너무 좋고 쌍방향소통이 잘 되어서입니다.

앞으로도 저의 디카시 사랑은 진행형일 것입니다.

등단시켜주신 관계자 여러분들께 진심으로 감사합니다.

한태익(1956년생)

길림성 화룡시 출생
연변작가협회 리사, 연변생활안내신문사 사장 력임
현재 생태문예잡지사 사장 여러 간행물에 시, 시조, 기행문 다수 발표

최영숙

선물

밤마다 수고하는 달님 고마워
내 고향 개나리 한아름 바친다
계절마다 새 옷 입고 미풍에도 춤출 테니
이태백이 권하던 술보다 나으리…

최영숙

영원한 짝사랑

푸른 자식 수없이 거느리고

남쪽만 바라본다

해마다 곱게 피어

북쪽 향해 방긋 웃는다

그리움이 강이 되어 밤낮으로 흐른다…

최영숙

기쁨

톡 치면 탁 끊어질 것 같던 나무
봄바람에 수만 송이 꽃을 잉태하고
해님과 키스한 자리마다
선물로 바치겠지…

최영숙

불멸의 사랑

로미오와 줄리엣일가?
당명황과 양귀비일가?
리도령과 춘향일가?
……
참사랑을 새긴 조물주의 선물!

최영숙

소감 :

3년 전 딸애의 육아도우미로 대도시 상해에 가서 디카시 강습반에 참가하게 되었다.

자연이나 사물을 보고 느낌이 있으면 디지털 카메라로 사진을 찍고 시적형상으로 승화시키고 자작시를 쓰면 된다는 강사님의 설명에 귀가 솔깃해졌다.

그러잖아도 조상님들이 피땀으로 일군 땅이 소리 없이 사라지고 있어 슬픈데 이런 형식으로 많이 남길 수 있다고 생각하여 고향에 돌아온 후 많이 돌아다니며 디카시를 썼고 조선족디카시인협회 췬에 올렸다.

갑자기 등단한다니 놀랍기도 하고 기쁘기도 하다. 조선족디카시인협회를 창설하시고 이끌어 나가고 등단을 추진시킨 리더분들이 대단히 고맙다.

내가 쓴 디카시들이 우리 고향 연변땅의 아름다운 산천초목을 천하에 자랑하고 후세에 전해지기를 바랄 뿐이다.

최영숙(1958년생)
도문시 수남촌 출생
연길현동성공사룡산에서 자람
연변사범학교 졸업
중앙인민방송과 연변잡지, 신문에 글 여러 편 발표

정정숙

봄 마중

배냇저고리 벗겨질세라
발버둥 치는 꼬물이들
뭐가 그리 급할까
종주먹 불끈 쥐고

정정숙

효도 선물

여자의 손이길 거부했던 손가락에
눈부신 꽃반지 끼워준다
인생을 자식에게 기부한 엄마에게
바치는 훈장이라며
꽃보다 아름다운 여왕이라며

정정숙

엄마 등

모진 세월 쓰라린 아픔
엄마의 등 피멍으로 얼룩졌어도
수정 같은 젖샘 가슴 타고 흐른다
방울방울 생명수 은혜
오늘도 잊지 못하는

정정숙

황혼의 도전

꼭 한 번 디카시를 쓰고 싶다
아, 떨려
붓을 꼭 잡아본다
한 줄도 좋으니까

정정숙

소감 :

조선족 디카시인협회에서 보찍쓰 제2호에 저의 디카시를 싣게 된다니 무등 기쁩니다.

사실, 황혼역에서 다카시를 접하게 된 후 문화생활이 이채를 돋구리라고 생각 못 했습니다. 디카시로 인해서 시야를 어느 정도 넓힐 수 있었고 또한 디카시로 인해서 문화적 생활의 질량 제고를 한보한보 가져올 수 있게 된단 걸 깨닫게 되였습니다.

다람 David Kang 고문님께서 직접 디카시란 풍경이나 사물로부터 시적 감흥을 불러일으키는 순간 느끼는 감정, 영상을 찍고 그 영상과 함께 짧은 시적 문장을 언술하는 언어 예술이란 것을 똑똑히 가르쳐 주었을 때 디카시란 바로 시인, 문인들 저마다 가슴에 문화를 품고 글 써야 한단 걸 조금이나마 깨닫게 되였습니다.

조선족 디카시인협회 회장님과 고문님을 비롯한 회장단 그리고 여러 문우님들의 짤막한 오행 이내 디카시를 감상해보면서 직감적으로 문화지식 장악, 높은 분들만이 작품이 척척, 술술 잘 그려내어 뺠표한단걸 보아냈습니다. 그이들은 마치 다른 세계에서 생활하는 마법사들처럼 인기를 한몸에 안고 있었습니다. 하루에도 열두 가지 더 넘게 탄생되는 디카시 작품을 보면 그야말로 가관이였지요. 작품마다 특이하고 독특한 표달. 촬영부터 서로가 달라 거기에 따르는 언술 또한 오묘하여 눈 떼기 아쉬울 정도로 보고 보고 또 보게 되어 시간 가는 줄도 모르고 깊이 빠져들었습니다. 이 모든 것이 바로 날마다 문학가 평론가 고문님께서 깊은 밤 패가시면서 만평해주시고 달마다 우수상 수상작을 발표하여 수준급 디카협회로 이끌기에 일체 정력 몰부은 결과라 긍정합니다. 이렇게 된 모든 과정은 오직 회장님 고문님, 회장단, 편집장님의 노력으로 이루어진 대 풍작이라 열매라 소리높이 노래 부를 수 있다고 생각됩니다.

이번 보찍쓰 제2호 출판에 조선족디카시인협회 회원님들의 탱글탱글 영글진 알곡 풍작이 그려있고 그 속에 나도 마치 알곡인 듯싶어 영광입니다. 아마 이것이 삶의 보람이겠지요.

황혼빛에 물들어 가는 디카시로 하여 행복합니다.

김춘희 회장님, 다람 David Kang 고문님, 고맙고 감사합니다.

정정숙(1952년생)
길림성 룡정 출생
영상시 「님은 먼곳에」, 「고향의 진달래」 길림신문 위쳇공식 계정에 발표
시 「락엽귀근」 진달래 18호에 발표
수필 「명태여 안녕」 보고 싶은 얼굴 그리운 목소리
KBS 방송 우수작

김영산

바뀌는 세상

죽은 생명에서
또 다른 생명이 탄생한다
무궁무진한 자연의 순환
지구는 언제나 활기차게 움직인다

뭉게 뭉게 피어오르는 꽃 구름
오늘은 무슨 소식 전할가
아침부터 기다린다

김영산

황혼 나이

온 세상 몽땅 태울 듯
기세등등 활활 타오르더니
기가 푹 죽어 졸고 있구나
때가 됐는가 봐

김영산

종자

선조들의 말씀
굶어 죽어도
종자는 베고 죽는다

김영산

옛날 그 자리

진달래 피는 봄철
돌다리 건너라 했지

첫 만남 약속했던 그 장소
꽃은 피고 지고 반세기 흘렀어도
추억은 그냥 그 자리 그대로다

김영산

소감:

2020년 7월 한 친구의 소개로 처음 『보찍쓰 1호』 책을 받아보게 됨으로써 디카시에 재미를 붙였다. 나는 본래 글쓰기는 좋아하지만 시에는 별로 관심도 없었다. 그러나 폰으로 사진 찍고 사진 편집하는 취미활동이 나로 하여금 디카시 배움의 길에 들어서게 되었다. 사진도 찍고 시도 쓰고 재미있는 일이다. 특히 70대 황혼에 들어서면서 몸 건강과 뇌 건강에 아주 좋은 취미활동이라 생각하면서 나는 즐기고 있다.

나는 조선족 디카시인협회에 가입하여 협회 고문 강성은 선생님의 디카시 리론 강의를 들으면서 점차 걸음발을 띄게 되었다. 그리고 회원님들의 작품을 보고 동영상 편집하는 과정에서 더 많은 것을 배우게 된다. 지금까지 나도 300여 편의 디카시를 썼지만 숫자뿐이지 거리는 아주 멀다. 그래도 열심히 노력하고 부지런히 쓰니 많지는 않지만 한 두 편은 고문 선생님의 인정을 받았다. 그러나 이 인정은 나로 하여금 노력의 고무와 격려라고 생각한다.

앞으로도 계속 보(고) 찍(고) 쓰(고) 하면서 여러 선생님께서 배우고 같이 경쟁하려는 열정은 있다. 이것이 나 자신이 배우는 과정이라 생각하기 때문이다.

나는 디카시를 쓰면서 시인이 되어 이름을 남기려는 생각은 해 본 적이 없다.

그러나 협에서 주는 영예는 아주 소중한 영광으로 간직하고 앞으로 조선족 디카시 문학 발전에 이바지하는 원천이 될 것이다.

김영산(1950년생)

길림성 집안시 출생
취미활동으로 수필 쓰기와 등산
자서전 『내 인생의 구불길』
수상작품으로는 「아홉 달의 배 생활」(연변녀성), 「설악산에 오르다」(한민족 방송), 「화단」(샘터 잡지. 2017년 7월 한국) 등등. 2002년부터 십여 편 글 발표

양명금

청춘 시절

부엉이처럼 자지 않고

사랑 찾아 헤매다가

엄마 같은 달님한테 꾸중 듣고

뒤통수 뿌옇게 되었네

양명금

감사

꿀벌도 나비도 없고
칭찬해 주는 새마저 안 보이건만
오직 나 하나만을 위해
날마다 환하게
웃어줘서 참 고마워

양명금

봄의 교향곡

집안에 봄아씨 성큼 들어와

꿀벌과 나비에게

빨리 청첩장 보내라고

재촉하네

양명금

인생 아리랑

달님마저 나를 외면하건만
그래도 손잡아 이끌어 주는
고마운 분들이 많아
너무 행복해

양명금

소감 :

디카시는 시대의 발전에 따라 생겨난 대중적 문학 장르로서 많은 이들의 환영을 받고 있습니다. 저는 회장님의 소개로 〈조선족디카시인협회〉에 가입한지 1년 남짓한 동안 여직껏 (360) 여 편의 디카시를 썼는데 그중 (1)편이 금상, (1)편이 동상, (8)편이 가작상으로 평의 받았습니다.

저는 문학적 소질이 차하고 신체에 장애가 있지만 생활을 사랑하고 글쓰기를 좋아합니다. 더우기 디카시를 배우기 시작해서부터 저도 모르게 생활에 대한 애착심이 커지고 글쓰기 흥미가 짙어감을 느끼게 되었습니다. 밖에 나가기 싫어도 디카시 소재를 얻기 위해 외출을 하는 차수가 많아졌고 내가 보고 찍고한 사물에서 느낀 감수를 어떻게 5행 이내의 개성이 있는 시구로 표현하겠는가에 대해서도 머리를 쓰게 되었습니다.

지금 디카시는 저의 생활에서 중요한 위치로 자리매김하여 매일 디카시를 쓰고싶은 욕망이 생기고 김영산 편집장님께서 매일 심혈을 기울여 편집해 올리시는 디카시를 기다리게 되고 매월 평의하는 디카시 평의에서 선정되였을 때 무한한 자호감을 느끼곤 합니다.

디카시 공부를 하면서 자연과 더욱 가까이하게 되었고 자연은 나의 질량에 맞는 환경을 나에게 보여 준다는 것을 새삼스럽게 발견하게 되였으며 자연에서 주는 계시를 통해 많은 인생공부를 할 수 있어 좋았습니다. 자연은 내가 갖춘 만큼 나에게 힘을 주며 아직 배워야 할 것이 너무나도 많음을 깨닫게 하였습니다.

이번에 협회 회장님과 고문님께서 많이 부족한 저를 등단시켜주신다니 참으로 감격스럽습니다. 이는 저에 대한 고무 격려이고 무한한 영광이라고 생각합니다.

저는 비록 학식이 옅고 글재주가 없지만 '하면 된다'는 신념을 가지고 협회에 계시는 여러 우수한 선생님들을 모시고 디카시라는 이 신형 문학을 잘 배워 여생을 더욱 다채롭고 보람차게 가꿔 나가렵니다. 감사합니다.

양명금(1961년생)

길림성 룡정시 개산툰 출생
주요 발표작: 수필: 「나의 계모」 중국연변 지체장애 협회 제1차 창작코클 대상, 연변인민 방송국 생활수기 공모전 우수상 수상
KBS 방송 <보고싶은 얼굴>, <그리운 목소리> 발표

최화자

소녀의 꿈

미래를 위하여 지향한다
수정 같은 아름다움을 품고서

지는 꽃을 보면서

동글동글 빚던 꿈
세월 바람에 날려 갔어도
여생이란 실오리에
새로운 도전 하나하나
취미라는 바늘에 꿰여 보리라

최화자

추모의 술잔

청명의 하늘은 맑고 맑은데
내 마음에는 하얗게 하얗게 비 내리네
그리움의 눈물 고이고이 술로 빚어
떨리는 꽃손 추모의 잔 올리옵니다

로맨틱한 사나이

지난 세월

망치만 휘두르던 무쇠 팔뚝

이제야 말하노라

이 가슴에도 고운 사랑 있었다는 걸

받아주오, 표현 못한 뒤늦은 사랑을!

최화자

마음 바구니

콩닥콩닥 심장박동 청춘원무곡
둘이 하나되는 사랑바구니 만들었었지
그 속에 깊이깊이 뿌리박은 나무 한그루
감사함으로 살자 사랑그네 태워주네

최화자

PART 6 조선족디카시인협회
2022년 등단 디카시인

소감 :

〈조선족디카시인협회〉『보찍쓰 제2호』에 학습 과정에 많이 부족작품이지만 '디카시작품'이라는 이름으로 싣게 되는 기회가 있게 됨에 감사드립니다.

저는 문화 수준도 낮고 본인의 노력이 없는 탓으로 장악한 문화지식도 아주 바약하여 문맹이나 다름없습니다. 우연하게 한 문우의 디카시를 읽게 되면서 마음에 와 닿고 호기심이 들었습니다. 처음에는 디카시에 대한 원칙과 리론도 모르는 채 다만 자신이 자연을 사진찍기와 감상하기를 즐간다는 나만의 호기심 하나로 대담하게 디카시 배움의 길에 첫걸음 내딛게 되였습니다. 열심히 배우며 즐기려는 신념으로 시작하여 나로서는 타인의 작품을 많이 보고, 읽고 분석, 해보면서 배독하느라 하였지만 문화지식 기초가 낮다 보니 생각과 완전히 달라서 훌륭한 작품이 나오지 못하고 있습니다.

협회에서 고문님과 회장님의 가르침 (특히 여러 번의 만평과 지도)를 통하여 디카시란? 자연이나 사물로부터 시적 감흥을 느끼는 순간, 그 온기가 날아가기 전에 폰과 또는 (디지털카메라)로 영상을 찍고 5행 이내의 시적 문장을 언술하는 예술을 말한다는 것을 배웠습니다.

모든 회원들의 디카시와 비교해볼 때 수평상 차이가 많아 쑥스러울 때도 많았지만 많이 보고 쓰고 배우면서 노력하면 될 것이라는 바른 신념으로 부지런하고 허심하게 학습하기에 노력하겠다는 과정을 통하여 하루 생활 속의 필수 부분으로 생각할 정도로의 애착을 가지게 됩니다.

비록 디카시의 요구에 비하면 거리가 아주 멀게 부족하지만 디카시는 나로하여금 새로운 문학에 눈을 뜨게 하였고, 디카시는 나로하여금 자연과 만물에 눈길을 더 돌리게 하였고 관찰력을 키워주며 디카시는 나와 함께 걸을 수 있는 길동무이며, 디카시는 나의 마음을 읽어주고 대화 할 수 있는 말동무이며, 디카시는 나에게 생기발랄한 동심과 젊음에 살 수 있는 취미생활을 만들어주며, 디카시는 나에게 있어서의 쾌락이고 즐거움입니다.

최화자(1951년생)
길림성 룡정시 출생
제17회 《중국조선족청소년음악제》, 《우리네동산》 제26회 작동요제 우수상 수상
<연변음악계렬> <시학과 시> <생태문예> <청도해안선잡지사> 등에 동요, 시 다수 발표

김덕철

시집 보내던 날

떠나 보내기 너무 아쉬워
부여잡고 못 떼는 손
눈물 어린 엄마의 찢어지는 마음
어디 가던지 잘 살거라

보건주

마음 까지 우려내여
다 주고픈 고향의 정기(精气)
따스한 입술이 다가오기를 기대하며

김덕철

못 말리는 힘

독수공방 빈 공간에도

청춘은 못 말려

부풀었던 가슴 다 헤쳐놓고

김덕철

꽃다지

남들처럼 현란함은 아니어도
머리 위에 수놓은 별 무리
동트는 봄의 가장자리에서
소문 없이 빛을 뿌리는
수수함이 빛나는 매력

김덕철

소감 :

한태익 선생님의 소개로 '우리 민족 문학사랑방'에 들어가게 되였는데 어느 한번 시인이 아니여도 시를 쓸 수 있는 새로운 문학 장르 디카시를 접하게 되였습니다. 젊었을 때 꿈이 작가였던 지라 어디 한번 취미로 해보자고 시작한 것이 오늘 여기까지 오게 되였습니다. 시가 뭐가 뭔지도 모르고…

그런데 등단까지 시켜준다니깐 마음이 설레고 감동되지 않을 수 없습니다.
내가 이렇게 되기까지는 김춘희 회장님과 다람 고문님의 현명한 령도와 아낌없는 수고, 그리고 친 운영팀원들의 방조, 다음 함께할 수 있었던 친원들이 있었기에 가능 한 것으로 생각합니다.

앞으로 디카시 쓰기를 열심히 노력하여 이 은혜에 보답할 것을 약속드리면서 다시 한 번 감사를 드립니다.

김덕철(1959년생)
길림성 화룡시 출생
연변새벽농업대학교(려명대학) 졸업
과수재배전문가, 양봉전문가

김홍화

꿀벌

꿀벌과 꽃이 만나 달콤하고
영양가 높은 꿀을 만들어 낸다
사람들도 꿀벌처럼 인류에게 행복을
안겨주는 삶을 살면 얼마나 좋을까?

김홍화

뿌리 없는 꽃

송이송이 목화꽃이 피였네
바람아 불지 말아다오
햇님아 몸을 감추어다오
뿌리 없는 저 꽃을
사랑하는 이가 있다오

김홍화

인생

이쁜 꽃 한 송이는 벌레 한 마리로
인하여 엉망진창이 되였다
아름다운 여인의 인생도 꽃처럼
배우자를 잘못 만나면
마찬가지 아닐까?

김홍화

봉변

봄맞이에 신나
파릇파릇 돋아나던 냉이들이
갑작스런 봉변을 당했네
이겨내면
새 봄이 찾아오리라

PART 6 조선족디카시인협회
2022년 등단 디카시인

김홍화

소감 :

2021년 3월의 어느 날 제가 매일 필사하는 칡에서 김단 칡주님이 이점숙 선생님의 수상 받은 디카시를 처음 소개함으로 디카시를 알게 되고 조선족디카시인협회에 가입하였습니다.

저의 디카시 「탄생」, 「문」, 「엄마가 된다는 것」, 「출산 통」, 「영혼」 5편이 협회 다람 고문님이 만평해주시고 김춘희 회장님이 공중계정에 발표해 주셔서 한국 이근모 시인님이 보시고 마음에 드신 덕분에 한국 〈시학과 시〉 2021년 가을호 제11호에 발표 되었습니다. 저의 디카시가 한국 잡지에 발표되리라고는 꿈에도 생각지 못했습니다. 〈시학과 시〉 책을 손에 들고 제가 쓴 디카시를 보며 중년에 취미로 시작한 디카시가 저를 시인으로 만들어주어 그 기쁨은 말로 표달하기 어려울 정도로 감명이 깊었습니다. 다람 고문님의 월 시평에 저의 디카시가 가작으로부터 동상, 은상을 받는 그 설레임과 성장의 기쁨은 감사와 감동으로 이어졌습니다. 이 세상에서 진정한 기쁨은 성장의 기쁨이라고 생각합니다.

2021년 5월 계간 『보찍쓰』에 디카시 「기다림」을 발표 후 이번 『보찍쓰』 제2호에 디카시 「인생」, 「봉변」, 「꿀벌」, 「뿌리 없는 꽃」 4편이 발표되였습니다. 영광이고 행운이며 행복입니다.

디카시를 배우며 사물을 보는 눈이 달라졌습니다. 여행을 좋아하는 저는 자연을 더욱더 사랑하게 되었고 만물에 감사하며 보고 찍고 쓰고 하면서 저의 시야가 넓어졌습니다.

디카시가 수많은 감사, 감동, 설레임, 행복, 행운을 저의 삶과 동반하게 하였습니다.

평범한 삶이 디카시로 인하여 보람이 있고 의미를 부여합니다. '하면 된다'라는 말이 있듯이 누구나 쉽게 배울 수 있는 디카시를 더욱더 많은 분들이 배움으로 삶을 기록하며 더욱더 풍요로운 삶이 되시길 기원합니다.

조선족디카시인협회의 김춘희 회장님과 다람 고문님 이근모 시인님 그리고 회원 선생님들께 진심으로 감사드립니다.

김홍화(1968년생)
료녕성 영구시 출생
시인, 2021년 한국 〈시학과 시〉 제11호 디카시 발표
2021년 계간 『보찍쓰 01호』 디카시 발표
현 영구신동내화재료유한공사 통역

정명선

악동의 계절

포근하게 펼쳐진

엄마의 품

씨앗들이 내 품속에서 잉태되고

태어나고 성장할 그 날을

기대하면서…

정명선

착각

애들아 어서 모여봐
우리 아파트 분양받았어
살살 헤엄쳐 들어가
흔들리면
아파트 박살 나니까

정명선

옥구슬

방울방울 햇살 품어
한알 한알 옥구슬
순간의 반짝임
너로 인해 반짝이다
너로 인해 사라지리

정명선

둥글게

여름은 가을을 불러
꽃은 열매가 되고
흘린 땀은 방울방울
나는 둥글둥글 세상만사
나처럼 둥글게 살라 하네

정명선

소감 :

우선 〈조선족디카시인협회〉 등단시인으로 추천해주신 다람 강성은 고문님과 발행인 회장 김춘희 님께 진심으로 되는 감사와 경의를 드립니다. 그리고 조선족디카시인협회를 위해 뒷받침해주시는 여러 책임자분들께도 감사의 인사를 올립니다.

제가 디카시 천에 들어온지 어언 1년 9개월이란 시간이 흘렀네요. 2020년 8월에 친구님의 소개로 디카시가 뭔지, 보찍쓰란 말이 무슨 뜻인지도 모르고 무작정 가입하게 되였습니다.

일상생활에서 핸드폰으로 사진찍기를 좋아했지만 그 사진에 글을 붙여 쓴다는 것은 생각지도 못했던 저였습니다. 후에야 보고 찍고 쓰는 다섯 줄 이내 짧은 글임을 알았고 한번 도전해봐야겠다는 작은 소망으로 첫발자국을 내디뎠습니다.

처음 시작할 때는 사진과 글을 함께 올리는 것조차도 몰랐고 시란 어떻게 쓰는지도 몰랐습니다. 다만 사진설명 정도로 표현하면서 써내려갔습니다.

시간이 흐르면서 여러분들의 훌륭한 글들을 많이 보고 읽고 배우는 과정에서 현재 조금이나마 진보한 것 같습니다.

다카 시를 접한 후 세상을 보는 눈이 더 넓어졌고 저의 생활이 더욱 다채로워졌습니다. 디카시 한 편을 쓰고 나면 흐뭇한 마음이 들고 성취감을 느끼곤 합니다. 한 점 두 점씩 사진을 찍고 시를 쓰고 노력하면서 여기까지 온 것 같습니다.

아직 부족한 점이 한두가지가 아니지만 여러분들의 고무격려에 힘입어 늘 정진하는 마음으로 디카시 쓰기에 노력하겠습니다.

조선족디카시인협회에 정식으로 등단하게 된 것을 큰 행운으로 생각하면서 우리 조선족디카시인협회의 멋진 앞날을 기원합니다.

정명선(1956년생)
길림성 안도현 출생 현재 룡정 거주
십여 년 안도현 명월진 구룡가 가도취보주임 력임
장기적으로 보건사업 종사

김봉녀

사랑 한 보따리

"엄동설한 솜저고리 제일이니라"
말씀 남기고 떠나시는 엄마
배웅하러 출입문 열며 깬 꿈
하얀 면화 한 보따리
문 앞에 차곡히

김봉녀

황홀경

불야성 하도나 황홀해
갈매기 갈 길을 멈췄네
내 멋진 황혼을 실어서
너와 나 저 멀리 날을가

그리운 옛이야기

그젯날 나를 찾던 연인들
내 곁에서 자장가 부르며
애기 잠재우던 젊은 엄마
울적할 때 찾아오던 새댁
모두들 어디 갔나 쓸쓸하네

김봉녀

모성애

어린 시절 엄마가 차려준

밥상에 도란도란 모여서

맛있게 밥 먹는 우리를

지켜보시던 엄마 모습

방불케 하네

PART 6 조선족디카시인협회
2022년 등단 디카시인

김봉녀

소감 :

지난해 7월에 조선족디카시인협회의 지인으로부터『보찍스 1호』를 선물 받고 화려한 디카시 작품에 매료되어 바로 조선족디카시인협회에 가입했습니다. 열정만으로 시작했던 디카시 공부에 곤난이 많았습니다.

우선 사진 찍는 기술이 차하고 작품이 너무 직설적이어서 마치 설명문 같았습니다. 저는 선배님들의 훌륭한 작품을 꼼꼼히 분석하고 고문님께서 쓰시는 만평과 학습자료들을 읽는 가운데서 디카시는 사물에 대한 복제가 아니라는 것을 깨달았습니다.

디카시란 풍경이나 사물로부터 시적 감흥을 불러일으키는 순간 느끼는 감정을 영상으로 찍고 그 영상과 함께 5행 이내의 짧은 문장을 언술하는 언어 예술이며 작품 속 영상과 언술을 분리하면 아무 의미가 없고 사진과 언술이 결합하여 하나의 몸을 이룰 때 완전한 디카시 작품이 된다는 리론과 원칙을 터득하고 신선한 소재를 찾기 위해 일상생활속과 산에 들에 다니면서 많이 보고 찍고 쓰는 훈련을 했습니다. 지난 8월에「그리운 옛이야기」가 디카시 대상으로 선정되고「모성애」등 여러 편의 작품이 다람 고문님 만평을 받고 배우는 과정을 거쳐 디카시 작품이 점차 제고를 가져왔고 디카시만이 가질 수 있는 매력에 푹 빠지게 되였고 사물을 보는 시각이 달라졌습니다. 나무 한 그루, 꽃 한 송이, 하늘의 달 별 구름을 보아도 그 속에서 시적 감흥이 물결치고 희망과 사랑의 마음이 넘쳐 디카시를 보고 찍는 순간이 너무나 행복합니다.

저는 디카시 시인에 과감히 도전장을 내밀고 디카시를 쓰면서 인생을 충실하게 살고 싶습니다. 디카시가 우리 사회에 더 깊이 뿌리 내리고 널리 보급되였으면 하는 바람입니다. 그리고 그날을 위하여 나 자신의 노력을 아끼지 않겠습니다.

감사합니다.

김봉녀(1960년생)
연변재무학교 졸업
「지기」,「장애를 딛고 달려온 길」이 KBS 한민족 방송
<보고싶은 얼굴 그리운 목소리>에서 우수상 수상
「그리운 옛이야기」가 <조선족디카시인협회> 2021년 8월 대상 수상

조문찬

과일나무의 전지

남이야 고통받든 말든
내만 편리하면 다야

조문찬

세대교체

언녕 자리 내주어야지
젊은이들 자유롭게 발전하도록

조문찬

얼굴은 두꺼워야

저 얼굴로
큰집 며느리 어떻게 할까

조문찬

효의 탄식

고려장의 옛말 그렇게도 해주었건만

로인들 끝내 산으로 갔네

산에 가면서도 기도하네

손군들 무탈하게 자라도록 보살펴주옵소서

조문찬

소감 :

등단이라니 뜻밖이였다. 근근이 조선족디카시인협회와 손잡고 꾸준히 디카시를 써왔을 뿐인데.

처음 시작할 때는 그냥 재미로 썼다. 보고 찍고 느낀 걸 표현하고 팠다.

이제와서는 아니였다. 디카시 쓰기가 아름답게 늙어가는 훌륭한 영양식이 되였다. 디카시 자체가 내 생명의 일부분이 되였다.

등단하면서 다시 한 번 다람 선생과 김춘희 선생께 감사드린다. 그들의 조선족디카시협회라는 좋은 플랫폼을 꾸렸기에 저의 디카시 쓰기가 가능하였으며 그들의 수시로 되는 조언들이 있었기에 저의 디카시 발전이 가능하였다.

시작이 절반이라고 앞으로도 계속 디카시 쓰기로 나머지 삶을 인테리어 하련다.

조문찬(1963년생)

길림성 훈춘 출생
연변대학 조문학부 졸업
훈춘시교원연수학교 근무, 중학교고급 교사, 중국연변대학 민족문화심리연구회 리사, 길림성민족문화교육연구회 전문가위원
1984년 단편소설 「웃는 불우물」로 문단 데뷔, 「덮개눈」, 「사랑의 넉두리」, 「꽃샘추위」, 「당신의 향」 등 여러 편의 시를 신문, 잡지에 발표

피로 피여난 장미

한뜸한뜸 가난을 꿰매어가신 엄마의 밤
눈 아프시게 수놓아가신 나의 책가방
시샘난 바늘, 콕 엄마 손 찔러
내 마음속에 새겨진
빨간 장미 한 송이!

박순옥

그리움도 행복

정겨웠던 너와 나의 이야기
꽃 초롱 되어 가로등에 걸렸나

어디선가 들려오는 기타 소리
행복한 명상에 발걸음도 멈칫

여자의 순정

길녘에서 바장이는
예쁨을 숨기는 아가씨들이여
진짜 축복받는 사랑이 찾아들 거야

매력

젖무덤처럼 곱게 솟은 버섯
감칠맛이 나는 록색식품이여라

그래, 삶이란 매력이 있어야 해

박순옥

PART 6 조선족디카시인협회
2022년 등단 디카시인

소감 :

황혼, 제2 인생길에서 할 일 없고 생활이 무미건조하기만 하였었다.

3년 전 우연히 한 지인의 소개로 우리민족문학사랑방 일원이 되였으며 또 문학방 방주님께서 직접 인도하시는 조선족 디카시인협회 일원이 되였다.

고독을 즐기는 여자로 디카시 쟝르는 나의 삶에 활력소가 되는 문학이였다.

건강을 위하여 걷기 운동이 필수였지만 그러나 혼자 걷는 길 멋쩍었기에 쇼핑을 많이 하다 보니 쓸데없는 물건을 사올 때도 있어 돈 랑비도 있었다.

지금은 디카시 애호가로서 산책길에 나서면, 산에 오르면, 하늘 구름도, 모든 자연 속의 사물이 웃으며 손짓하는 친구가 되였다.

하늘 구름과 무언의 대화, 길녘의 키 작은 꽃 한 송이도 예쁘고 사랑스러워 곱게 사진에 담으며, 인젠 사진사가 된듯하면서, 늘 쓰는 디카시가 나의 날씨 같은 고운 추억으로 매일 행복하면서 건강도 날따라 좋아지고 있다.

디카시는 극순간 멀티언어예술이다 디카시는 개인 고유의 사진과 언술이 한 몸이 되어야 디카시라 할 수 있다.

앞으로도 디카시 쟝르는 나의 일상이 되리라 3년간 디카시 문학지식을 전수하여주시는 김춘희 회장님, 다람 고문님, 김영산 편집장님, 이근모 시인님 진심으로 고맙고 감사합니다!

조선족디카시인협회의 무궁한 발전을 진심으로 삼가 축원합니다 ~~^^

박순옥(1954년생)
길림성 룡정시 출생 연길 거주
의료사업 의사 퇴직
제2 인생 글사랑으로 여러 편의 시, 수필 발표
연변향음 시랑송 문화예술 교류중심 리사

PART 7 : 특별기획
다람 쌤의 디카시 만평

강성은(1953~)

• 시인, 문학평론가
• 1970 mbc 전국학생백일장 장원 시인 등단
• 인도 타고르해외문학 대상 수상 및 평론 다수
• 현 조선족디카시인협회 고문

표현법에 따른 김춘희의 디카시

바라봄의 법칙에 따라 표현되는 디카시

디카시를 통하여 본 아이들 세상

인연 속에 탄생하는 디카시

나날이 발전하는 이분선의 디카시

도전은 늘 새롭다 하시며 언제나 꾸준하신 김영산 시인의 디카시

감사가 생활화된 소녀(?) 이점숙의 디카시

눈 오는 풍경 속에 어머니가 소환된 디카시

미목 김경희의 디카시 사랑

사랑의 마음으로 쓴 김미란의 디카시 사랑

사회고발 기능 역할로 바라보는 한태익의 디카시

수석으로 본 최어금 디카시

옛 추억속 이야기에 잠기는 디카시

표현법에 따른 김춘희의 디카시

　시란 '마음의 소리', 자연이나 인간의 삶에서 얻은 감동을 짧게 나타낸 글, 사람의 마음을 울려 놓거나, 놀라움을 주거나, 새로운 것을 발견하게 하거나, 높은 곳으로 우리들 마음을 끌어올려 주는 짧은 글, 참 그렇구나! 참! 하고 느끼는 것이라고 말하기도 합니다.

　좀 더 쉽게 말하면, 읽는 이들로서 볼 때 시는
　1) 우리의 마음을 따뜻하게 해 주는 것
　2) 우리를 기쁘게 해 주는 것
　3) 새로운 세계를 열어 보여주는 것
　4) 자유롭게 살아가는 마음을 보여주는 것
　5) 우리의 마음을 깨끗하게 해 주거나, 높은 곳으로 끌어올려 주는 것
　6) 참된 것을 찾아낸 것
　7) 희망을 주는 것이라 말할 수 있습니다.

　쓰는 사람 쪽에서 보면
　1) 새로움의 발견
　2) 아, 아름답구나, 참 그렇지, 하고 깨달은 것
　3) 참다 참다 그래도 참을 수 없는 말을 토해낸 것이라고 말할 수 있습니다.

　디카시를 쓰는 사람과 읽는 사람도 위에 열거한 내용과 다르지 않다고 생각합니다.
　그렇다면 디카시를 쓰는 목적은 어떤 취미생활, 또는 시 공부를 하면서 다른 장르의 배움을 얻기 위해서 쓸 수도 있지만, 디카시는 인간과 인간, 인간과 우주, 인간과 자연간에 일어날 수 있는 삶의 고리와 영혼의 문제 및 신과 교류를 통한 영성적 마음공부에 가장 합일된 문학공부입니다.
　현대 사회에서 누구나 접할 수 있는 스마트폰 다카로 자연이나 사물에서 유발된 시적 감흥(영감)을 찍고 그 느낌이 날아가기 전에 언술하여 영상과 문자가 한 덩어리가 되는 시로 실시간 SNS를 통해 쌍방향 소통하는 디지털시대의 세계적 보편성을 지닌 최적화된 시가 디카시 라는 평가를 받을 수 있는 것입니다. 그러하기에 디카시를 쓰는 목적이 분명해야 합니다.

디카시를 통하여
1) 일상의 삶에서 비뚤어지고 오염된 마음을 순화시키고, 사람의 인격적 정신을 더 맑고 높은 경지로 고양시켜야 합니다.
2) 시적인 영감과 직감을 통해 사물(대상)의 본질을 붙잡고 표현해야 합니다.
3) 참된 삶을 인식하고, 인간스런 삶의 태도를 갖도록 해야 합니다.
4) 진정이 들어 있는 말, 진실이 꽉 찬 말, 정직하고 쉬운 말로 말의 아름다움을 깨닫고, 그런 말로써야 합니다.
5) 독자로 하여금 자신의 느낌과 생각을 표현하고 싶은 욕구를 갖도록 하여야 합니다.

김춘희 시인의 세 작품은 각 작품마다 디카시의 새로운 방향을 제시하는 모범적 흐름의 디카시입니다.

인식의 전환

东北饺子馆앞 세탁甩干机 직원
우두커니 서서 배추, 무, 부추 형제 기다린다
만두속 채우는 야채물기 빼는 명령 받고서
고정관념 깨트린 현명한 주인 명령 지시사항
아! 인공지능 출발점이 인식의 전환이 맞구나

이 디카시는 사진에 비추이는 사물 하나하나를 글 속 화자로 등장시켜 이야기처럼 엮어서 전체적으로 시인이 말하고자 하는 〈인식의 전환〉이라고 하는 메세지를 독자들에게 전하고있다. 표현법을 보면 모든 사물을 의인화 시켰으나 직접적 화법을 쓴 것이 아니라 간접적인 의인법을 사용하여 독자들에게 그것을 깨닫게 한 것이다. 잘 알고 있겠지만, 의인법이란 동식물, 무생물, 추상적 개념 등 사람이 아닌 것을 사람인 것처럼 표현하는 수사법이다. 사실 이 기법은 잘만 활용하면 시 속의 소재에 생명을 불어넣어 멋진 형상화를 이룰 수 있다.

시인은 주인공역할을 세탁할 때 물기를 빼내는 건조기를 직원으로 등장시켜 배추, 무, 부추 등을 조연으로 하여 만두속 물기를 짜는 역할을 부여하였다. 보편적 상식(세탁물 건조할때만 사용한다는)을 벗어난 만두집 작업현장을 보고 하나의 디카시로 만들고 그것을 〈인식의 전환〉으로 제목을 삼아, 사진과 언술, 제목이 머리, 몸통, 다리 처럼 온전한 한 덩어리가 되어 시 속에 이야기를 만들어 생명을 불어넣어 멋진 디카시 한 편을 만듬이 놀랍기만 하다.

어울림 세상

가을과 겨울이 공존하는 도시 상해
우주와 자연에서 배워가는 어울림 세상
태어나고 사라지고 다시 돌고 돌아가는
질서적 순환원리는 신의 계획된 삶의 일정표
순응하는 자 살고 거부하는 자 죽는 세상이구나

시인이 오랫동안 마음공부의 결과물을 보는듯한 디카시 한 편이다.
모든 것을 계획하고 운영하는 창조자는 창조된 피조물들이 서로 어울리고, 공존하며, 순리대로 살아가기를 원하고 계시지만, 피조물들은 그 질서를 파괴하고 창조원리를 떠난 삶들을 살고 있다. 특히 만물의 영장이라는 인간들의 횡포는 극에 달하고 있는 추세이다.
그로 인하여 자연이 파괴되고 곳곳에서 해일과 화산폭발, 태풍과 토테이도,빙산붕괴 등 각종 재해가 발생하고 있으며, 코로나 등 계속적으로 변종 바이러스(델타, 오미클론 등)가 창궐하여 인간의 삶을 위협하고 있다. 이러한 여러가지 현상이 발생함을 듣고 보는 시인은 상해 공원의 갈대와 붉은 단풍나무, 푸른 화초가 어울려 살아가는 자연의 현상을 보면서 극순간 그것을 앵글에 담고 떠오르는 종말론적 미래에 대한 인간의 두려움을 생각하면서, 시인은 그래도 에덴의 삶과 같은 영원한 세계가 있음을 알기에 그곳을 그리워하며, 창조주가 원하는 어울림의 세상이 오기를 소원하며 신으로부터 받은 경고를 보낸 것 같다. 영원한 또 다른 세상이 존재하는 것을 분명히 알기에 신의 뜻대로 에고를 버리고 참나를 찾을 수 있는 서로 사랑하고 나누며 어울림 세상을 "순응하는 자 살고 거부하는 자 죽는 세상이구나" 하는 메세지성 영성 디카시 한 편이다.

PART 7 특별기획 - 다람 쌤의 디카시 만평

심술쟁이

아무리 너의 향기가 좋아도
사랑하는 그대 내 향기가 좋다니까
데이트 날 맞추어 심술을 부렸구나
미워하지 않을게 계화나무야
나는 언제나 너의 향기 좋아하니까

  시는 "아름다운 빛과 좋은 소리를 내는 구슬"이라고 했던가.
  이 디카시는 시인의 직설은유적의인화 수법 속 계화나무에 대한 사랑이 넘쳐남을 볼 수 있다.
  시의 형식은 5행의 짧고 편한 문자로 쓰였지만 사유는 깊고 울림은 크다.
  계화 꽃잎이 떨어짐을 보면서 시인의 깊은 마음을 알 수가 있다.
  마음 내면 깊은 곳에 사랑과 이해의 마음이 있기에 "데이트 날 맞추어 심술을 부렸구나" 표현은 사진에 나타난 차 범버 위에 수북히 쌓인 계화 꽃잎이 짜증과 화를 불러일으키는 느낌일텐데, 시인의 평상시 감정 느낌과 다름이, 수양의 덕을 많이 쌓아 그동안 마음공부로 인하여 이해의 폭이 넓어짐도 있겠지만, 시인의 당시 마음 상태가 2행에 잘 나타나 있다. "사랑하는 그는 내 향기가 좋다니까" 즉 더 큰 사랑을 받고 있기에 웬만한 적은 일들은 넘어갈 수 있는 여유로움이 넘쳐나는 것 같다.
  디카시는 몸과 마음과 학습을 병행하여 해야만 하는 사랑의 노동행위이다.
  삶 자체가 사랑이 되어야만 아름다운 시인의 목소리를 낼 수 있다.
  "미워하지 않을게 계화나무야 / 나는 언제나 너의 향기 좋아하니까"의 결론은 사랑의 중요성과 본질을 무한대로 늘려갈 수 있음을 보여주는 사랑의 디카시 이다.

바라봄의 법칙에 따라 표현되는 디카시

 꽃이 지고 잎이 지고 쓸쓸함만 남기는 연꽃을 각기 다른 장소와 다른 촬영기법으로 촬영하고 또한 그 느낌 또한 다르게 표현됨을 보면서 평자는 디카시가 주는 진정한 매력 속으로 푹 빠져들어 가 본다.
 언젠가 달라이라마가 수많은 군중들 앞에서 설법을 하는 장면을 본 적이 있었다.
 수많은 군중을 향해 손을 흔드는 광경이 제 눈에는 군중이 연못의 연꽃송이 같고 달라이라마는 꽃들에게 설법을 하는 부처처럼 보였다.
 오늘 꽃이 진 후에 촬영된 두 작품에 대한 화자의 그 작품세계로 들어가 본다.

잔하(残荷)

영혼이 살아있는
생명의 그림으로 보여주는
노을빛 아래서
너의 아름다움을 보았다

有灵魂的
生命之画
在晚霞的光芒下
看到你的美丽

 언젠가 화자의 연꽃 작품을 평한적이 있다. 당시 화자의 작품의 중심점은 꽃보다 넓은 연잎이었다. 마치 대자대비한 부처님 가슴 같다고나 할까? 화자는 당시 언술에서 "내 사랑 이름은 꽃 당신 어서 넓은 가슴에 안겨요"라고 표현하였다. 그때 평자는 어떤 인연의 품이 화자의 넓은 품 꽃 당신일까? 하면서 평을 한 적이 있었다. 오늘 화자의 작품은 사진에 보여지는 꽃이 떨어지고 흉물스러운 현재의 모습을 보는 것이 아닌 아름다웠던 지난날의 모습을 회상하고 있다.
 "영혼이 살아있는 / 생명의 그림으로 보여주는 / 노을빛 아래서 / 너의 아름다움을 보았다"

내 사랑 이름은 꽃 당신이지만, 넓은 가슴은 영원한 것처럼 비록 화자의 디카에 촬영된 꽃의 모습이 앙상하고 초라해 보여도 그 내면에 숨어 있는 고귀한 영혼은 더욱 빛나고 아름답다 하는 느낌을 독자들에게 전하고 있다. 마치 자식들 위해 모든 것 희생하고 비록 몸은 병들고 외형적 모습은 초라해져도 자식들 사랑하는 고귀한 마음들은 영원한 이 세상 모든 부모들의 마음과 모습을 생각나게 하는 디카시 한 편이다. 특히 화자의 언술 중 백미는 '노을빛 아래서'이다. 이는 황혼 속에 있는 화자의 모습일 수도 있고, 연꽃등 모든 사명을 다하고 노을 속에 스러져가는 생명들의 모습일 수도 있기 때문이다.

피해자

아름다왔던 그 시절
바뀌는 계절에게
도적 맞히고
구슬프게 우는 모습
처량하구나

문정의 이 디카시는 또 다른 관점에서 촬영되고 그 느낌이 언술되었다.
그동안 문정의 작품을 보면 생활적 표현력이 많이 눈에 띄고 특히 직설적인 화법이 많이 등장함을 볼 수 있었다. 화자도 연꽃을 소재로 하여 몇 편의 작품을 선보였다. 제목에 '피해자'란 문구에 많은 생각을 하게 되었다. 왜 화자는 사진에 담긴 저 대상들을 향하여 '도적 맞히고'란 표현을 하였을까? 자연의 순리적 이치인데 무슨 미련이 남고 여운이 있기에… 화자가 너무 욕심이 많은 것은 아닌가 하는 생각을 하면서 그동안 화자가 올렸던 최근의 작품들을 다시 한 번 감상해 보았다. 그곳에서 진정한 화자의 마음을 읽을 수 있었다.
"텅 빈 가슴에도 사랑은 찾아오고", "누가 보나 안 보나 / 비가 오나 눈이 오나 / 뜨거운 사랑 나누네 / 하는 열정도 있고, 짝사랑하는 마음도 있으니 저렇게 계절에 밀려 아름다웠던 그 시절 사라져버린 아쉬움에 피해자,
'도적 맞히고 의시구를 사용했구나' 하는 생각에 아쉬운 마음을 함께 느껴 본다.
두 화자의 디카시를 평하면서 '연꽃이 피던 날 아아, 내 마음은 헤매고 있었고 나는 그것을 몰랐습니다. 내 바구니는 비었는데, 그 꽃을 돌아보지도 않았습니다'는 인도의 신성 타고르의 키탄잘리 20편 서두를 소개하면서 디카시는 꽃이 피든 지든, 열매가 맺히든 떨어지든

그 안에 숨어 있는 자연의 소리, 영혼의 소리를 들을 수 있고 찬양할 수 있는 좋은 문학장르임을 다시 한 번 깨닫는 시간이었다.

　디카시는 사랑입니다.

　사랑에는 노력이 필요하듯 디카시는 사진 찍기와 글쓰기의 부단한 연습이 필요하다.

　사진 찍기와 글쓰기에 필요한 근육은 규칙적인 운동을 통해서만 키울 수 있고 고생 없이는 조금도 커지지 않는다. 시작부터 잘못된 길로 갈 수도 있고, 가다가 막다른 골목에 이를 수도 있으며, 어느 순간 자기의심에 빠져버릴 수도 있다. 또한 자기도취에 빠질 수도 있습니다. 그래서 탈출하여 새로운 것을 만들고 때로는 선무당이 되어 나오지 않는 점괘를 감추기 위해 굿거리판을 요란스럽게 만들기도 합니다. 여기에 미약한 영혼들이 빠져들고 현혹됩니다. 문학에 깊은 관심이 있는 사람이라면 글을 잘 쓰기를 원하며, 사진도 잘 찍기 원하며 디카시도 잘 만들기를 원합니다. 그래서 잘, 잘, 잘… 하며 스스로에게 주문을 걸어보기도 합니다. 사진 잘 찍기와 언술의 글쓰기도 근육이 필요합니다. 그러려면 '규칙적인 운동'이 필요합니다.

　그 '규칙적인 운동'의 기본은 독서입니다. 그다음이 명상과 간절한 바램입니다. 더불어 '고통의 경험'도 중요합니다. 좌절, 실패, 상실, 상처, 깊은 슬픔의 경험도 나를 키우는 자양분입니다. 그다음은 습작의 반복입니다.

　습작의 반복도 그 자체가 고통입니다. 그 고통을 통해 생각의 근육은 더욱 단단해집니다. 또한 눈과 귀와 마음이 열린 공간이 되어 어느새 나도 모르게 편하게 작품을 만들고 이름이 알려지는 기쁨의 순간이 성큼 내 앞에 나타나게 되는 것입니다.

디카시를 통하여 본 아이들 세상

집에서는 누구도 시간을 재촉하지 않아요. 때로는 눈 깜짝할 사이에 사라지고, 때로는 세상이 멈춘 것처럼 천천히 흘러가는 아이들의 시간을 기다려주는 집. 그 속에서 아이들은 지금 이 순간에 몰입하며 자신의 세계를 만들고 있습니다.

그래서일까? 밖에 있다 집에만 가면 아이들은 눈이 커지고, 숨이 가빠지고, 웃음이 끊이지 않네요. 겉으로 보기에는 여느 집과 다르지 않은데, 이상하게도 아이들은 이 집과 금방 사랑에 빠지죠. 그것이 행복이 넘치는 집이랍니다. 과연 비밀은 무엇일까요?

그림자

엄마
나 짝꿍 생겼어요

화자가 찍은 이 사진과 단 두 행의 언술은 많은 감동을 주고 있다.

거울 속에 비친 똑같이 생긴 아이를 보고 "엄마 나 짝꿍 생겼어요" 이 아이도 조금 크면 거울 속에 비추인 모습이 자기 모습이라고 인식하게 될 것이다.

그리고 자라면서 수많은 짝꿍들을 만나게 될 것이다.

그러면서 때로는 기쁨과 웃음을, 때로는 슬픔과 눈물을 화자의 디카시에서 한 가지 아쉬움이 있다면 '제목'이다.

분명 아이가 자라서 이 디카시를 본다면 말할 것이다.

거울에 비친 아이의 모습은 '그림자'가 아니라고 과학적 말을 할 때 화자는 뭐라고 답을 할까? 궁금하다.

디카시의 제목을 선택할 때 조심하여야 할 부분이 있다.

은유적, 비유적, 창의적 제목을 붙이는 것은 아주 바람직한 일이지만, 촬영된 사진과 언술이 과학적 화학적으로 결합되어 화자가 순간적 영감에 의해 떠올라 표현된 이미지를 알 수 있는 제목이어야 한다는 것이다.

단순 촬영된 사진을 설명하는 듯한 제목이나, 전혀 사진과 언술과 관계없고 느낌을 찾을 수 없는 제목을 사용해서는 안 된다. 이 디카시는 제목을 조금 더 신경 썼더라면 아주 큰 여운이 남는 좋은 디카시다.

꼬마 박사

어디 좀 보자, 요놈 복덩어리
너 나와 똑같게 생겼구나
이 세상에 잘 왔단다
부모 잘 만난 것도 네 복이란다

아주 재미있고 흥미로운 디카시이다.

언술을 보면 누가 누구에게 한 말일까? 생각케 된다.

화자가 꼬마 박사에게 하는 말인지?, 아니면 꼬마 박사가 앞에 놓여 있는 곰돌이에게 하는 말인지?

아마 모든 독자가 전자에게 언술의 내용을 보면 손을 들어 줄 것 같다. 그러나 평자는 꼬마 박사가 곰돌이에게 하는 말에 손을 들고 싶다.

읽지도 못하는 두꺼운 책을 앞에 놓고 돋보기 안경까지 쓰고 할아버지 흉내를 내는 꼬마 박사를 촬영하던 화자는 아마 웃음꽃이 터져 가슴속으로부터 엔돌핀이 솟아났을 것 같다.

어린아이를 통해서 세상을 보며 기쁨을 얻는다는 소중함을 우리는 가끔씩 잊고 산다.

이 한 편의 디카시를 통해 가족이라는 공동체의 소중함을 느끼게 하는 참 행복한 디카시 작품이다.

유년기가 되면 몸과 마음에 인생의 추억이 하나씩 기록되기 시작한다. 아이들은 그 추억과 함께 살아간다.

디카시를 통하여 아이들의 추억을 간직해 준다면 아마 좋은 선물이 될 것이다.

인연 속에 탄생하는 디카시

'인'은 결과를 산출하는 내적·직접적 원인이며, '연'은 결과의 산출을 도와주는 외적·간접적 원인이다.

여러 가지 원인 가운데 주된 것이 인이며, 보조적인 것이 연이다. 또 인을 넓게 해석하여 인과 연을 합해 인이라고도 하고, 반대로 연을 그렇게 부르기도 한다. 모든 존재는 인연에 의해 생겼다가 인연에 의해 멸한다.

인연의 대표적 결과로 나타난 것이 사랑이다.

이런 인연법에 의하여 각자가 갖고 있는 디지털카메라 혹은 디카폰이 연이 되어 자연이나 사물 또는 일상의 생활 속에 극순간적으로 다가오는 영감을 촬영하여 그 느낌을 짧은 5행이내의 언술로 화학적 결과를 산출하는 내적 직접적 원인이 인이며 그 결과물이 디카시다. 그러므로 디카시는 인연에 의하여 만들어진다고 볼 수 있다.

늦 사랑의 힘

휙휙 늦가을 바람 꽃가지를 흔든다
늦사랑도 사랑이라 아랑곳없구려
늦 사랑의 입맞춤 출렁이는 꽃가지서
흔들림 없이 혼신 다해 사랑 시 쓰노라

11월도 어느새 중순이 지나 겨울로 성큼 다가서고 있다.

화자는 늦가을 바람에 위태하게 흔들리는 꽃에 날아와 입맞춤하는 나비에 앵글의 초점을 맞추고 떠오르는 극순간의 영감을 "늦 사랑의 힘"이라는 제목을 붙여 디카시를 탄생시켰다.

나비와 꽃은 뗄 수 없는 깊은 자연 속 인연을 갖고 있다.

봄을 알리는 봄의 전령사 봄 나비는 봄 나비대로, 여름날 태풍과 장마의 소식을 준비시키는 여름 나비, 가을날 열매와 결실 또한 다가올 겨울을 잘 이겨내고 또 다시 봄을 기약하자고 작별을 고하는 가을 나비.

화자는 앵글에 담긴 나비와 꽃을 바라보며, "늦 사랑의 입맞춤"으로 언술하며 "출렁이는 꽃 가지에서 흔들림 없이 최선을 다해 사랑 시 쓰노라" 표현하고 있다. 인연은 소중하다, 그것이 어떤 형태의 인연이든, 인연의 소중함을 간직하기 위해서는 어떤 어려움도 견디며 그 결과를 사랑으로 승화시켜야 함을 화자는 이 디카시를 통해 나타내고 있다.

또한 인연이 찾아오는 시기도 알 수 없듯이 사랑도 마찬가지임을 '늦사랑, 늦가을 바람' 등으로 언술하고 있다.

참 좋은 느낌을 주는 디카시 한 편이다.

인연

너의 가시에 찔려도
너의 그림자에 가려도
난 너를 이곳을 탓하지 않아
선택할 수 있는 인연이 아니라는 걸 알기에

흔히 우리는 사람을 만날 때 '인연'이라는 말을 많이 쓴다. 인연이란 말은 좋은 뜻으로 쓰는 경우가 많으나, 사실 인연은 좋고 나쁨과 관계가 없다. 좋은 만남도 인연이며 나쁨 만남도 인연이다. 인연이란 말은 원래 불가에서 유래된 말이다. 인은 원인을 말하며, 연은 원인에 따라 가는 것이다. 즉 인이 씨앗이라면 연은 밭이다. 그러므로 인만 있어서는 결과가 있을 수 없으며, 연만 있어도 그 결실은 없는 것이다. 그렇기 때문에 인과 연은 필수 불가결한 것이다.

'이 세상 아무리 사소한 사물일지라도 인연으로 일어나 인연으로 사라지지 않는 것은 없다.'

화자는 디카시 언술에서 "너의 가시에 찔려도 너의 그림자에 가려도 난 너를, 난 이곳을 탓하지 않아 선택할 수 있는 인연이 아니라는것을 알기에"라고 말하고 있다. 인연이란 말과 함께 많이 사용되고 있는 말이 운명이다. 어찌 보면 운명과 인연은 한 소쿠리에 담긴 것과 같다.

화자의 인연의 디카시는 우주 안에 있는 삼라만상과 인간은 인연에 있음을 알려주며 그 인연에 순응하기 바라는 매우 철학적 물음표를 던져주는 디카시 한 편이다.

나날이 발전하는 이분선의 디카시

어느 날 툭 하고 새로운 이름의 디카시 한 편이 올랐다.

디카시 강좌를 한 상해와 연길도 아닌 천진에서. 때로는 어설프게, 때로는 설명하는듯한 디카시 작품 한 컷 한 컷이 어느새 나의 모음집 한쪽 편에 뚜렷이 자기 방 이름을 붙이고 매일 기다림의 선물을 보내온 지 많은 시간이 흘렀다.

오늘부터는 나의 조선족 다카 시 모음집 고정적 방 한 칸씩 이름을 붙인 분들의 작품을 중심으로 한 분씩 작품을 선정하여 평을 하려 한다. 첫 번째 시간은 이 분선 님이다.

불타는 가슴

다치면 톡
터질 것만 같은
이팔청춘들

화자의 눈에 비추인 빨간 열매는 언젠가 곱게 치장하고 친구들과 봄나들이 가던 곱고 예뻤던 젊은 그 날을 순간적으로 떠올리며 디카폰 앵글을 맞추어 셔터를 눌렀을 것 같은 모습이 상상된다.

화자는 이 장면을 "다치면 톡 / 터질 것만 같은 / 이팔청춘들" 하며 짧은 3행의 언술로 표현했다. "시는 아름다운 빛과 좋은 소리를 내는 구슬"이라고 했던가 위의 디카시 〈불타는 가슴〉에서 화자의 청춘을 회상하는 상상의 자세가 성실하다. 언술의 형식은 평이하고 짧지만, 사유는 깊고 울림은 크다. 화자는 젊음은 어디로 튈지 모르는 럭비공처럼 빨간 열매가 '다치면 톡 하고 터질 것만 같은 이팔청춘들' 위험하지만 또한 찬란하게 빛나는 꿈을 간직한 것처럼 디카시 본질적 특성인 사진 자체가 그 의미를 잘 표현하고 있다.

사진과 언술이 한 몸을 이루어 화자의 극순간 떠오르는 영감을 잘 표현한 좋은 표본적 디카시 한 편이다.

길동무

하늘에서 늘 한결같이
지켜보던 별 친구들
오늘 우리가 가는 길
함께 걸어주네

이 디카시는 제목, 사진, 언술이 하나로 결합되어 쓸쓸히 황혼을 향해 걸어가는 초로의 모습을 떠오르게 하는 작품이다.

작품에서 문듯 문듯 화자의 나이를 연상케 한다. 떨어져 수북히 쌓인 낙엽을 화자는 "하늘에서 늘 한결같이 / 지켜보던 별 친구들"로 표현했지만, 어찌보면 낙엽 한 장 한 장이, 화자가 걸어온 사연일 수도, 무심코 던진 말들일 수도, 또한 행했던 행함의 발자취 일 수도 있겠다 생각이 든다.

이 디카시는 짧지만 '동행'의 중요성과 사랑의 중요성과 본질을 무한대로 늘려서 보여주는 한 편의 좋은 디카시 이다.

일기

안개처럼
소리 없이 내려앉은 추억들
주마등처럼 스쳐 지나는 날
조용히 붓을 들고 그 기억
한 줄을 새겨 넣었다

〈일기〉에서는 촬영된 영상의 이 개처럼 화자가 느끼는 사랑의 순연한 얼굴로 다가선 신비스런 풍경 한 편을 보여준다.

화자는 삶의 순간에 가식이 없고 충실한 모습이 언술에서 잘 나타나 있다.

"소리 없이 내려앉은 추억들 / 주마등처럼 스쳐 지나는 날 / 조용히 붓을 들고 그 기억 / 한 줄을 새겨 넣었다"

화자의 사진 속 느낌을 고스란히 내뿜어 자신과 상대와의 거리감이 없이 바로 추억 속으로 안개가 스며들 듯이 바로 동화되는 날것의(날시)의 역동적 힘을 끄집어낸다. 이 디카시의 백미는 제목과 사진과 마지막 행의 '한 줄을 새겨 넣었다'의 조화로운 하모니가 마치 숲 속 조그마한 현악 3중주가 열리는 것처럼 감미로움을 선물하는 좋은 디카시 한 편이다.
　이분선 님의 디카시 3편을 선정하여 보면서 마치 한 사람의 인생여행을 떠나 삶의 이곳저곳을 돌아본 듯한 느낌이 든다. 사랑은 천태망상의 빛깔로 삶의 근간을 이루고 사는 사람을 더 큰 아가페적으로 이끌어 준다.
　여기에 디카시 한 편이 이끌어 주는 도구가 될 수 있다는 것을 느껴 보는 아침이다.

도전은 늘 새롭다 하시며 언제나 꾸준하신 김영산 시인의 디카시

현대 시는 시인 자신이 어떤 사물 속으로 들어가 함께 말하고 행동하며, 사물을 자신의 내면 속에서 동일시하고 그것을 행동하는 '동화와 투시'를 버무리는 것을 창작 응용의 특징으로 삼고 있다고 시인이며 〈시학과 시〉 발행인 이근모 선생은 말하고 있다. 디카시는 특별히 사물을 극순간 떠오르는 영감을 촬영하여 자신의 내부에서 속삭이는 내적 인격으로 촬영 대상과 동일시하며, 시인 자신이 그 상황 속으로 흡인되어 느껴지는 살아있고 보편적(날시) 현상을 5행이내의 짧은 언술로 표현함으로써 그 사물의 극순간영상과 언술이 독자에게 SNS를 통하여 직접 전송됨으로써 또다른 동화와 투시로 또 다른 영감을 전달하는 작업이다.

오늘 소개한 김영산 시인의 작품이 그렇다.

고구마 줍기

누가 수확을 끝냈다고 믿을가
파헤치면 또 무언가 달려 나온다.
그것이 바로 내가 바라는 것이다.

대한민국 육지의 최남단에 있는 해남은 바다와 산이 어우러져 있고, 특히 질 좋은 채소산업이 발달되어 있다.

화자는 고구마 농사 걷이가 끝난 밭이랑을 뒤지다가 얻은 수확한 고구마를 소재로 삼았다. 텅 빈 밭과 동화되어 투시하는 작업을 통해 감정을 짧은 언어로 표현함이 매우 고무적인 작품이다. "누가 수확을 끝냈다고 믿을까 / 파헤치면 또 무언가 달려 나온다"고 언술하고 있다. 화자의 '달려 나온다'는 표현은 고구마를 의인화하여 그 현장적 상황을 실감나게 알려주는 탁월한 단어 선택이다. 다소 밋밋해질 수 있었던 디카시가 '달려 나온다' 단어 하나가 앵글에 맞추어진 고구마를 통한 화자의 깊은 뜻을 전하고 생명력을 불어넣었다. 삶에서 끝난 줄 알고 마침표를 찍으려는 순간 또 다른 영감이 떠오르고 예상치 못한 결과에 도돌이표를 찍은 일들이 한 두 번이 아니었음을 평자의 삶 속에서 충분히 느낄 수 있었다. 이 한 편의 디카시가 사진의 배경인 말라가는 밭의 흙도, 숨겨져 달려나온 고구마도 우리들 삶의 모습과 이를 바라보는 또 다른 화자의 현재의 난국과 환경 속에서도 희망을 놓지 말자는 기대감을, 마지막 연 "그것이 내가 바라는 것이다"로 완결지은 평범하지만 결코 평범할 수 없는 좋은 디카시다.

일심(一心)

목표는 오직 하나
열심히 노력할 뿐이다.

낙엽과 청풀

황혼의 몸은
준비된 낙엽이겠지만
마음은 언제나 청춘이 되더라

黄昏的身子
就像已准备好的落叶
但愿拥有青春一样的心

황혼의 자랑

청발이 백발로 변했것만
온갖 세상만사 겪은
내가 더 이쁘다.
바람도 추위도 무섭지 않다

青发变了白发
磨练了世上万事
我自豪
不怕风来不怕冷

 화자의 두 편의 디카시를 볼 때, 함께 동시대를 살아왔고 언제인지 알 수 없지만 준비된 그곳을 향하여 비록 달려가는 입장에서 본다면 많은 다짐을 요구하는 씁쓸함이 묻어나는 작품이다.
 소재로 사용된 청풀, 낙엽, 갈대와 이를 돋보이며 이미지를 구상케 하는 황혼의 몸, 청발이 백발로 변한 문장들이 더 깊은 고독감이 묻어난다.
 자연은 인간이 벌이고 있는 여러가지 사안들을 은유로 잘 표현하고 깊이 있게 잘 다루고 있다.
 협회의 회원들 평균연령이 후반부 생들을 살고 있기에 자칫 느슨해질 수 있으나, 마치 화자는 이것을 경계라도 하듯이 언술에 "마음은 언제나 청춘이 되리라" "온갖 세상만사 겪은 내가 더 이쁘다"는 등 자조성 반대 급부 단어와 문장이 사용되었다.
 화자는 회원들의 작품을 모아서 매일 편집하여 올려주는 행위들은 젊은 나이를 갖고 있는 사람이라 할 찌라고 꾸준히 할 수가 없다. 그러나 시인은 이 일을 지속적으로 끊임없이 진행하고 있다. 본받을 만한 일이다.
 디카시에 언술된 고백처럼 "바람도 추위도 무섭지 않다"는 언술이 결코 허상의 말이 아님을 알기에 아래에 평 없이 올린 「일심」 디카시처럼 매일 매일 변하지 않는 목표가 있는 삶이 되길 바라며 평을 마친다.

감사가 생활화된 소녀(?) 이점숙의 디카시

세월은 흘러 서산에 황혼의 노을이 비추지만 감사가 생활로 변한 이점숙 시인은 점점 소녀가 되어 간다.

그의 감사일기가 어제로 729번째가 되었다.

처음 췬에 감사일기 쓰는 법을 소개하며 가르친 후 많은 사람이 동참했으나 꾸준하게 하루도 빠짐없이 이 일을 견지한 유일한 분이다. 글의 내용이나 형식 또는 감동 유무를 떠나 긴 시간을 지속적으로 수행하는 것 자체가 찬양받을 만한 일이며 귀감이 되고 있다.

어제 이점숙 님이 쓴 감사일기 내용 일부를 소개한다.

"매일매일 하루가 평범한 것 같지만 평범하지 않은 소소한 일상이 나에게는 언제나 소중한 하루하루입니다. 오늘도 평범하지 않은 일상의 연속입니다. 선물 같은 오늘이 감사하며, '항상 오늘만 같아라' 하는 마음으로 지내는 자신이며 매일 기대되는 일상입니다."

이 글 내용에 나타난 것처럼 '감사'는 매일매일 하루가 평범한 것 같지만 평범하지 않은 소소한 일상이 나에게는 언제나 소중한 하루하루입니다. 고백처럼 주어진 '오늘'이라는 시간을 선물로 생각할 때, 신에게, 자연에게, 친구에게, 가족에게 감사할 수 있는 것이다.

선물을 받았기에… 오늘 시인이 자연과 생활 그리고 삶에서 느낀 영감을 촬영하여 디카시로 만든 몇 편의 작품을 감사한 맘을 듬뿍 담아 평해 보려 한다.

산책길 벤치

걷다가 벤치에 앉아
저 낙엽처럼 모든 것 다 내려놓고
마음을 비우고 바라보는 풍경
짙어가는 가을은 더욱 아름답다

시인의 삶 속에서 어느 곳에 있든지 빼지 않고 하는 일상이 산책이다.
상해 거리와 공원에서, 송화강변과 아침시장을 기웃기웃거리거나 송화강에 떠오르는 황

금빛 아침노을과 태양을 만끽하며 걷기를 일상화한 생활 속 일기와 올라온 사진들을 보면 알 수 있었다. 지금은 대한민국에서 치아 치료를 받으며 경기도 하남시의 한강변이 주 산책로가 되어 그 풍경을 마치 리포터처럼 매일 올리고 있다. 오늘 디카시도 그중 하나다.

화자는 "산책길 벤치"에서 투영된 늦가을 풍경을 사진에 담아 낙엽처럼 모든 것 다 내려놓고 마음을 비우고 바라보는 그 장면이 잔잔한 평화와 안정감이 사진을 통하여 잘 전해지고 있다.

디카시는 50% 이상이 사진이 스스로 전해주는 영혼의 소리를 잘 포착하여 앵글에 담는 일이다. 화자의 이 디카시는 50%를 넘어 사진만으로도 화자가 전하고자 하는 이미지가 고스란히 전해져 온다. 굳이 긴 언술을 하지 않더라도… 제목이 〈산책길 벤치〉로 선정했으니 차, 포 다 떼어 버리고 "벤치에 앉아 / 낙엽을 바라보는 / 비워지는 내 마음" 했더라도 잘 촬영된 사진 자체가 다 말하고 있기에 충분할 것 같은 생각이 든다.

화자의 숙련된 사진기술이 돋보이는 작품이다.

가을 구절초

힐링과 위안을 안겨주는
컵에 꽂힌 꽃에게 감사하며
매일매일 행복한 꽃쟁이 나로
이 가을을 소풍하듯 사랑하며 살련다

시인의 감사일기에서 보여지는 취미생활 중 하나가 꽃꽂이 인것을 알 수 있었다. 종종 꽃에 대한 사랑과 감사가 또한 따님이 엄마가 꽃을 좋아하기에 선물하는 내용들이 전해지고, 그것을 화병이나 수반에 담아 찍은 사진을 올려주었기 때문이다. 오늘도 가을 구절초를 가지고 컵에 꽃꽂이를 한 후에 그 느낌을 디카시 작품화 한 것이 매우 정감이 드는 느낌이다.

화자는 꽃꽂이에서 힐링과 감사를 독자에게 선물해 주고 있다. 또한 화자는 스스로를 꽃쟁이 라고 말하고 있다. 순수한 우리 말 '쟁이'는 전문적으로 어떤 일에 푹 빠져 있는 사람을 지칭할 때 쓰는 용어이다. 그림 그리는 화가를 환쟁이, 땜질을 잘하는 기능공을 땜쟁이, 풍자하고 비유적 표현으로 욕쟁이, 예수쟁이, 숯쟁이 등이 있다. 이 디카시 언술에서 화자는 스스로 행복한 꽃쟁이 라고 표현하며 이 가을을 소풍하듯 사랑하며 살련다. 는 표현은 여유로운 삶의 모습이 아름답게 비춰지며 안정된 감을 주는 디카시 한 편이다.

깊어가는 가을

가을은 인간의 뒷모습과 닮았다
인간의 삶도 한때는 찬란한 청춘
이제는 아스라이 스러지는 뒤안길로
쓸쓸해 보이지만…
삶의 순간마다 최선을 다하는 모습을 배운다

시인은 감사일기와 더불어 마음공부에 관한 좋은 문장들이나 내용들을 필사하는 공부도 371일째 계속하고 있다.

감사일기와 마음공부 필사를 한 후 달라진 것이 화자의 디카시 언술과 사물을 바라보는 눈이 달라졌다는 것이다.

아주 유연해지고 필체도 아름답고 매끄러워졌으며, 어휘 사용과 문장도 적재적소에 알맞는 단어와 느낌을 표현할 줄 안다는 것이다. 무엇보다도 이기적 삶에서 이타적 삶으로 변하는 모습이 글에서 나타난다는 것이다.

특별히 칭찬드리고 싶은 말은 흔들림 없어 겸손하게 모든 것을 받아들이되 중심을 잃지 않고 변하지 않는 마음을 갖고 계신다는 것이다. 이 모든 것이 감사일기와 마음공부 필사에서 얻은 결과물이라고 생각한다.

〈깊어가는 가을〉에서 백미는 단풍나무 중간에 뚜렷하게 보이는 광선과 이를 언술한 2행의 '인간의 삶도 한때는 찬란한 청춘'이다. 깊어가는 가을이 화자의 표현처럼 쓸쓸함도 주지만 스러져가는 뒤안길에서 서 있는 자신의 모습도 유추해 볼 수 있는 기회를 동시에 제공하고 있다는 사실이다.

화자는 이 지점에 서서 삶의 순간마다 최선을 다하자고 자신을 추스르며 희망을 노래하고 았다는 사실이다.

희망을 노래할 수 있는 것은 돌아봄과 배움 뿐이다. 오늘 화자의 각기 다른 세 편의 디카시를 평하면서 하나의 화두를 던지며 마친다. "우리는 하루의 삶 속에서 얼마나 감사했느냐? 마음속 또 다른 나의 마음에 얼마나 진실했냐"

눈 오는 풍경 속에 어머니가 소환된 디카시

　디카시는 손안에 디지털 카메라가 장착된 스마트 폰을 가지고 사진을 찍어 영상 글쓰기에 시적 예술성을 부여한, 뉴 미디어 시대에 SNS 소통을 통하여 기존의 문자언어를 넘어 영상과 문자의 멀티언어로 멀티플 쌍방향 소통이 실시간으로 이루어지는 극순간멀티언어예술이다. 어떤 소재나 대상을 발견하고 극순간에 떠오른 영감을 촬영하기에 철저한 개인적인 느낌의 작품이 될 수밖에 없다.
　오늘 평하고자 하는 눈 오는 풍경을 소재로 만든 작품들을 보면 떠오르는 영감이 각각의 고유적 느낌과 환경 속에서 탄생된 작품임을 볼 수 있다.

팥고봉밥

초하루날 추억이 소복히 쌓인 날
생일에 팥 넣어 해주던 팥고봉밥
밥 푸던 어머님 모습 우렷이 떠오릅니다

　화자는 이 작품의 창작 동기를 이렇게 말하고 있다.
　"디카시에 출생년도 공개한 건 생일날 고봉밥 먹었다는거 알라고 그랬습니다. 지금 세대들은 밥사발에 불룩하게 더 담아주는 고봉밥 의아하게 생각하겠지만 우리 그때 쌀알이 귀한 시대에는 생일날 배불리 먹으면 그것이 생일였습니다. 그리고 불그스레한 팥은 악귀를 내쫓는다는 속설이 있습니다. 눈 속에 빨간 이름 모를 열매가 이밥에 들어간 팥처럼 생각되더군요."
　화자는 소복히 쌓인 눈을 보고 또한 눈 속에 빨갛게 보이는 이름 모를 열매를 보고 악귀를 쫓는 민간신앙의 팥의 역할을 소환하고 있다. 특히 제목에 〈팥고봉밥〉은 언술 아래 표시한 1956이라는 숫자로 태어난 년도를 표시함으로써 당시 그 시대의 생활상과 자라온 환경을 은유적 형식을 빌려 표현하였다.
　또한 화자는 그 가난하던 시대에 자식을 사랑하던 어머니의 모습을 소환함으로써 동시대를 살았거나 그 시대의 생활상을 이야기로 들었던 독자들에게 아름답고 가슴 뭉클한 감동을 선물하고 있다.
　이렇게 디카시는 숨겨진 깊은 의미를 담을 수 있는 묘미가 있다. 눈 오는 풍경의 디카시를 보면서 유독 소환되는 많은 대상이 어머니를 떠 올리는 것을 볼 수 있다.

사랑 한 보따리

"엄동설한 솜저고리 제일이니라"
말씀 남기고 떠나시는 엄마
배웅하러 출입문 열면 깬 꿈,
하얀 면화 한 보따리
문 앞에 차곡히

    화자는 눈 쌓인 풍경을 "하얀면화 한 보따리"로 표현하며 그것을 보내준 대상을 어머니임을 말하고 있다. 화자는 추운 겨울을 따뜻하게 지내라고 만들어 주신 어머니 사랑의 대명사인 솜저고리를 소환하여 꿈속에서라도 보고 싶은 어머니의 자취를 문앞에 차곡히 쌓인 눈으로 표현함으로써 그 향기를 그리워하는 마음을 나타내고 있다.
    화자의 또 다른 눈 내린 풍경을 보며 언술한 〈하늘이시여〉에서 "자식들 떠나 보낸 / 슬픔 꾹꾹 누르며 / 버티여 내시는 엄마에게 / 천사들을 보내주심에 / 감사드립니다." 하며 어머니를 향한 〈사랑 한 보따리〉 마음을 표현한 것을 볼 수 있었다.

    이와 같이 한태익, 김봉녀 화자의 두 작품에서는 눈 내리는 풍경 속에 어머니를 소환하는 화자들의 모습을 볼 수 있다. 두 사람의 작품을 자세히 들여다보면 알 수 있듯이 사진(영상)과 언술(문자)를 분리하면 아무 의미와 느낌을 받을 수가 없다. 그러므로 디지털 카메라의 줄인말인 '디카'와 '시'의 합성어인 '디카시'라는 점을 주목할 때, 영상과 문자가 한몸이 되어 시가 된다는 말이다. 디카시에서 영상과 문자는 분리되어 존재할 수 없다. 영상만으로, 문자만으로는 각각 독립성을 지니지 못한다.
    두 화자의 작품이 그러하다.
    화자의 영상과 분리된 문자는 그 자체로는 시적 완결성을 지니지 못하는 까닭으로 그 문자(언술)를 시라고 명명할 수가 없다. 그렇기에 한태익, 김봉녀 두 화자의 작품들은 영상(사진)과 문자(언술)가 한 몸으로 이뤄져 화자가 원하던 영감이 이미지화되어 디카시로 탄생하였기에 두 화자의 작품은 디카시의 표본을 보여 준 것이다.

미목 김경희의 디카시 사랑

디카시는 어떻게 쓰게 되었을까?
시집이 넘쳐나는 이 시대, 속물화된 현실에서 자신을 다듬고 간추려 멋진 삶을 살고자 할 때 만나는 여러가지 일들이 있다. 그중에서도 요즘 누구나 가질 수 있는 디지털 카메라 기능이 장착된 스마트폰은 우리에게는 큰 행복이고 기쁨의 선물이 되었다. 이번에 소개하는 화자의 느낌도 그럴 것이다. 무엇보다 화자의 교육에 대한 열망은 남다름을 화자의 삶에서 볼 수 있었다. 서예라는 인내의 학문을 공부하는 거나, 시공부와 여러 문예 활동을 하는 모습을 보면 알 수 있다.
오늘 화자가 쓴 디카시 두 편을 보면 얼마나 디카시에 깊은 사랑을 갖고 있는가를 알 수 있다.
좋은 디카시를 쓰는 방법은 "인식"의 바꿈에 있다. 디카시는 흔히 보던 대상이 나와 연결되어 있다는 "인식"으로 부터 새롭게 시작되어야 한다. 들려오는 내 안의 볼륨을 조금만 낮추고 대상이 주고자 하는 소리를 들을 수 있고 볼 수 있게 된다. 그것이 디지털카메라 앵글을 통해서 화자에게 들리고 보여지게 되는 것이다.
그것을 느낌 그대로 문자로 옮기면 디카시가 되는 것이다.
화자의 디카시는 아주 평범한 대상들을 그대로 투박하지만 솔직하게 표현함을 볼 수 있다.

세월 따라

싸늘한 찬바람 맞으며
아름다움을 뽐내는 그대를

단풍을 표현할 때 이보다 더 어떤 수사가 필요할까 하는 생각을 해 본다.
여름은 푸르름의 절정을 이루지만 어느새 화자의 언술처럼 싸늘한 찬바람이 불면 푸르던 잎은 단풍으로 물들어 아름답게 뽐내지만, 그 순간부터 이별을 준비하는 낙엽의 길을 걸어갈 수밖에 없다는 것을 화자는 「세월따라」라는 제목으로 표현한 것을 느끼게 된다.

PART 7 특별기획 - 다람 쌤의 디카시 만평

귀족

요즘 세상 살기좋와
추운 겨울 외투 입고
친구하고 즐기면서
부귀영화 누리네

 시를 좋아하는 사람은 사랑이 풍부한 마음이 있어야만 쓸 수 있다고 생각한다.
 디카시를 잘 쓰려면 모든 것을 사랑하는 마음이 있어야 한다. 화자는 옷을 잘 입힌 강아지를 귀족으로 표현했지만 왠지 한 편으로는 그 강아지 견주의 사랑의 모습은 어떤 모양일까? 인간에 대한 사랑도 자연에 대한 사랑도 귀족처럼 대하고 있을까 하고 생각해 본다.

사랑의 마음으로 쓴 김미란의 디카시 사랑

디카시는 사랑의 마음이 있어야 아름다운 작품을 만들 수 있다고 지난 논평에서 말씀드렸다.
사랑의 마음이 잘 표현되고 느낄 수 있는 것이 사람과 사람 사이에 이루어지는 것은 분명한 사실이고, 이것에 대한 표현방법은 자연이나 어떤 행위를 통하여 나타날 수가 있다.
디카시에 입문한지 오래지 않은 신인 화자의 작품을 가지고 평해 보고자 한다.
12월에 출품한 화자의 작품 디카시의 키워드는 사람인 것 같다.
12월 1일에 출품한 작품은 "엄마 나무"이고, 12월 2일은 "장구 아가씨", 12월 4일은 "고독의 사나이"의 제목을 붙여서 의인화 작업을 하였다.
시와 디카시가 다른 점은 표현의 방식이다.
시는 화자의 사상적 관념 또는 배움 그리고 학습되고 추구하고자 하는 독특한 습관을 이미지화하여 시적 언어로 표현되지만, 디카시는 화자의 삶 속에서 느끼고 보여지는 순간적 현상을 디지털카메라에 담아 그 느낌과 영감을 짧은 언술로 표현하여 SNS라는 매체를 통해 나누는 "멀티언어예술" 인 것이다. 그러하기에 사진 자체가 주는 비중이 크다고 하겠다. 특히 사진과 언술이 화학적 결합을 통하여 한 몸을 이루어 표현되는 문예장르이기에 사진과 언술(날시)을 분리해서는 아무 의미가 없다는 사실이다.
화자의 디카시 세 편에 흐르는 맥의 중심은 사랑이다.
오늘은 첫 번째 작품 〈엄마 나무〉의 평만 하려고 한다.
눈이 소복히 쌓여 가지가 축 늘어진 나무를 보고 화자는 '허리가 활처럼 휘어도 하늘의 선물이라고' 표현한 언술은 자식들을 키우시며 가정을 지키고 세상으로부터 불어오는 모든 역경과 고난을 견디며 이제는 꼿꼿하던 허리마저 구부러져 휜 엄마의 모습과 대비시켜 사진의 정점을 잘 부각시켰다. 그 다음 전개되는 언술은 1연을 보좌하는 역활을 나타내 주고 있다.
화자가 표현한 '눈꽃 핀 청솔나무는 엄마나무입니다'에서 등장한 청솔나무는 사시사철 변함없는 엄마의 사랑을 표현한 것이지만, 우리가 알아야 할 사실은 푸르게만 보이는 청솔나무도 해마다 잎갈이를 하며 아파하고 있다는 사실이다.
〈청솔 같은 엄마 나무〉도 자식들의 커감과 애환을 바라보면서 아파해 했지만 언제나 보여지는 모습은 변함없는 사랑의 모습이어야 했기에 어느새 눈 쌓인 가지가 휜것처럼 엄마는 등허리가 휘어졌고 그 사랑의 무게만큼 힘없어졌다는 사실을 이 디카시는 잘 표현해 주고 있다.

엄마 나무

허리가 활처럼 휘여도 하늘의 선물이라고
인내로 삶의 무게를 한몸에 담으신
저 눈꽃 핀 청솔나무는 엄마 나무입니다.

장구 아가씨

하얀 목화꽃나무 줄지워 세워놓고
반겨맞는 장구 아가씨
어서오세요, 여기는 전설의 두만강입니다.

고독의 사나이

백발이 들려주는 세월의 이야기
세월이 선물한 우람진 체구
너는 여심을 흔들어 주는
고독의 사나이여라

사회고발 기능 역할로 바라보는 한태익의 디카시

　21세기는 쌍방향 소통의 시대이다. 특히 코로나19의 발생이 점점 갈수록 심각해져 델타, 오미크론 변이종 발생 등 사회적 거리두기를 너머, 이제는 가족 간의 고립, 또한 문화적 단절에까지 이르렀다.
　그러나 유일한 대화의 창이 될 수 있는 창구가 누구나 가지고 있는 모바일 스마트폰 하나를 들고 다니면서 시공을 초월한 쌍방향 소통을 하면서 숨을 쉬고 있다. 오늘날은 전세계적으로 SNS로 소통하는 위쳇, 페이스북, 카톡, 트위터, 인스타그램 등을 통해 문자언어만이 아닌 영상기호(사진)와 문자기호의 멀티언어로 소통한다.
　디카시는 이러한 SNS 기능을 통하여 탄생하고 발전한 문예운동이다. 또한 극순간에 일어나고 있는 사회 고발적 문제들을 시적언어로 순화시켜 SNS를 통하여 알려주는 기능도 갖고 있다.
　다시 한 번 강조하지만, '디카시'란 디지털카메라(digital camera)와 시(poem)를 합성한 용어다. "자연이나 사물에서 포착한 시적 형상, 곧 감흥을 체험하고 그 감흥을 영상(디카사진)과 문자(시)로 전달하는 것"으로 정의할 수 있다.
　디카시에서의 영상과 문자는 둘이 하나의 텍스트를 구축하는 화학적 결합이며, 각각 독립성을 지니지 못한다. 즉, 디카시는 단순히 시와 사진이 조합된 시 사진이 아니다. 모래와 자갈이 시멘트와 결합하여 콘크리트가 되는 이치와 같다. 그렇기에 영상(사진)의 역할은 매우 중요하다.

　왜냐하면
　1) 극순간의 감동장면, 사건을 디카로 촬영하여
　2) 이를 다시 문자화한다. 즉 어떤 자연이나 사물을 보고, 영감이 극순간성으로 떠 오를 때 그것을 포착하여 찍고(시적형상) ,쓰는 것(날시성)이 일반적인 순서이다.

　그래서 디카시는 날시성(시적형상 포착)을 전제로 극순간성, 극사실성, 극현장성, 극서정성이라는 속성을 갖는다. 이것이 디카시의 생명이고 본질이다. 디카시는 일반시에 비해 영감의 의존도가 높고 창작도 일순간에 완성된다.
　영감이 떠오르지 않는 상태에서 촬영하고, 그것을 어떤 미사어구나 문자를 삽입하여 디카시를 제작하는 행위는 어떤 의미에서는 디카시의 본질을 훼손하는 행위와 같다고 하겠다. 즉, 디카시는 극순간 떠오르는 99%의 영감 으로 촬영되고(영상문자) 문자(날시적 언어)로 완성된다고 할 수 있다.

　모든 언어는 한계가 있다. 그러하기에 영상언어 (사진)의 역활이 무엇보다 중요하다. 영상언어(사진)자체가 말하고 있기 때문이다. 그래서 "디카시는 디카시다"라고 말할수 있다.

　디카시는 날로 변화하는 시대 속에서 그 영원불멸한 시각(時刻)의 시각화(視覺化)다. 어떤 시인의 망막 또는 일순 정지된 한 컷의 사진을 통해, 모든 과거와 미래, 꿈과 현실이 지금 여기의 현재로 가장 강력하고 생동감 있게 소환되고 있다. 나는 디카시의 미래를 여기에서 찾는다.

　오늘 소개하려고 하는 일상 속에 나타난 현상을 시인의 극순간적 영감에 의해 촬영되고 그 영감을 짧은 문자 극현장성, 극사실성, 극서정성으로 만들어진 사회문제를 다루는 고발성 작품이다.

곰방대

두 할아버지가 곰방대
길고 크기도 한다
시도때도 없이 연기 토하니
푸른하늘 쿨룩쿨룩 기침한다

할아버지

한겨울 긴긴 밤
잠이 안 오시나요?
담배만 피우면 이떡헤요?
파란 하늘이 울고 있잖아요

　⟨1⟩과 ⟨2⟩에 등장한 사진은 화력발전소와 도시난방공사 에서 올라오는 굴뚝 위의 연기를 시인은 극순간 촬영기법을 사용하여 작품을 만들었다.

　작품 ⟨1⟩ 에서는 두 할아버지(?)의 곰방대를 화력발전소 긴 굴뚝과 대비하여 "시도 때도 없이 연기 토하니/푸른 하늘 쿨룩 쿨룩 기침한다"며 사진속 시적 화자로 등장 시켰다. 여기에서 긴 굴뚝을 두 할아버지의 곰방대로, 푸른 하늘을 쿨룩쿨룩 하는 할아버지로, 또한 시인은 한 겨울 긴긴 밤/ 잠이 안 오시나요?/ 담배만 피우면 어떻해요?/ 하는 언술속에는 많은 상상속 이미지를 독자에게 던지고 있다. 외로움에 잠못 드는지,

어떤 질병으로 인한 불면증으로 잠못 이루는지… 그러나 시인은 〈1〉과 〈2〉 마지막 연에 "푸른 하늘 쿨룩쿨룩 기침한다"와 "파란 하늘이 울고 있잖아요" 하며 사회적 환경공해문제의 심각성을 언술로 나타내 시적 언어를 동원해 부드럽게 고발하고 있다.

디카시의 극현장성, 극사실성, 극서정성으로 의인화 작업을 통해 사회적 공해문제를 고발하는 작품을 탄생 시켰다.

1. 2차 세계대전 당시 한 컷의 사진이 전쟁의 참혹함을 나타내며, 현재도 여러 종류의 한 컷의 사진이 아무 설명없이 사회적 메세지를 던져주는 역할을 하고 있는 것을 볼 수 있다. 당시 이러한 사진은 기자들이나 사진촬영가들의 작품들이었다.

그러나 과학의 발달로 누구나 디지털 카메라 기능이 장착된 스마트폰을 갖고 있는 현실에서 사회문제, 교통문제, 환경문제 등에 관한 사실을 누구든지 촬영하여 sns를 통하여 공유하고 알리는 시대가 되었다. 특별히 떠오르는 극순간 시적 어떤 감동을 불러 일으키는 소재를 만날 때 그 감정의 느낌이 사라지기전에 디카에 장착된 메모 기능을 이용하여 적은 후 그 감정(영감)이 사라지기 전에 시적 언어와 기법을 사용하여 알맞는문장을 구성하는 문자 언어(언술)를 날시(살아있는 시)라 한다.

디카시는 이렇게 영감을 바탕으로 하여 사진과 언술이 한 덩어리가 되어 따로 분리되지 않고 작품을 완성시켜야 한다. 그래서 탄생한것이 디카시다. 디카시는 디카시 본질적 특성을 나타내는 극순간 멀티언어 예술이다.

오늘 시인은 작품 〈1〉과 〈2〉를 통하여 여러가지 이미지를 독자들에게 던지고 있다. 공해의 문제로 인한 환경의 심각성과 동시에, 지나친 흡연으로 인한 노인성기저질환의 문제점,등 사회적 노인문제를 두 편의 디카시를 통해 제시하고 있다.

디카시의 또 다른 기능과 특성을 잘 나타내 주는 작품이다.

수석으로 본 최어금 디카시

옥돌

청정한 해변가에 옥돌빛 파도친다
또르르 굴러가며 천년을 수련하여
 지상의 보물로 환골탈태하여
마침내 펼쳐진 동물세계

흰 꽃 무늬

새하얀 꽃 무늬들
구름 탄 신선놀이
실타래 얼기설기
신선과 붓을 잡고서
흰 꽃 무늬 새겼네

    개인의 취미 생활은 아름답다.
    취미 생활은 수집하기(우표, 동전, 수석, 고미술품, 특정물품 등), 기르기(분재, 새,동물,식물 등) 만들기(레고,가구, 소품,조각품 등)로 나눌 수 있다. 모든 취미 활동마다 저마다 많은 시간과 정성을 필요로한다. 그 중에서도 수석과 분재는 가장 고상한 취미활동이지만 전통적으로 자연, 신, 우주와 깊은 연관성을 갖고 있다.
    많은 사람들이 가장 고급취미활동으로 생각하는 것이 수석모으기와 분재 기르기이다. 한국에서나 중국 또한 세계의 수집가들 속에서 경매에 붙여지는 몇 안되는 소장품이 수석이며 그 소장자들이 대부분 남성들이다. 요즈음은 남여의 활동성이 구분되지 않지만 그래도 여성분들 참여는 드문 현상이다. 최어금 시인을 여성호걸이라고 별칭을 붙이는 이유가 이런 이유이다.
    오늘은 수석과 디카시로 연결된 작품 두 점을 평해 보고자 한다.

작품 ⟨1⟩의 "옥돌"은 화자와 수석을 발견하는 상태의 기쁨을 짧은 언술로 잘 표현되어 있다. "청정한 해변가에 옥돌빛 파도친다 / 또르르 굴러가며 천년을 수련하여 / 지상의 보물로 환골탈태하여 / 마침내 펼쳐진 동물세계" 첫연은 수석의 발굴장소에 대한 궁금증이 독자들 상상속으로 다가 온다. '청정한 해변가' '옥돌빛 파도친다' 시인은 어느 해변가를 뒤져가면서 이 옥돌을 발견했을까? 궁금증이 들게 만든다.

디카시와 수석의 공통점은 좋은 디카시 소재를 발견당시 탄성이 쏟아진다는 것이다. 수석은 물속에 비치는 칼라와 물 밖으로 비치는 칼라 빛이 달라진다는 것이다. 수석을 발견시 크기와 고, 돌에 새겨진 문양들과 파손여부를 보아서 진귀함과 가치를 판명하게 된다.

수석은 보는 사람에 따라 감상평이 달라질 수 밖에 없다. 시인은 수석에 나타난 모양을 동물로 언술하였다. 평자의 눈에 비치는 사진 속 모양은 신이 만드신 우주에서 내려다 본 지구의 열대지방 밀림의 모습을 떠 오르게 만든다. 이렇게 수석을 보며 느끼는 감정은 다를 수밖에 없다.

한정된 수석은 귀할 수 밖에 없는 디카시 소재이다. 그런데 수석을 발견한 자만이 느낄 수 있는 영감이기에 작품의 한계가 있다는 것이다.

작품 ⟨2⟩ 흰 꽃 무늬 는 수석에 새겨진 문양을 중심으로 평해보려고 한다.

시인은 "새하얀 꽃 무늬들 구름 탄 신선놀이 실타래 얽기설기 신선과 붓을 잡고서 흰꽃무늬 새겼네" 참 아름답게 서술하고 있다. 몇 백년 몇 천년이 지나 형성된 무늬인지 알 수 없으나, 시인은 돌에 새겨진 문양을 구름 탄 신선놀이로 보았고, 수석에 새겨진 무늬가 신선이 붓을 잡고서 흰 꽃 무늬를 새긴것으로 묘사하고 있다.

이처럼 수석디카시는 그것을 발견한 자만이 쓸 수 있는 영감이므로 특권이라고 할 수 있다.

수석을 소재로 하여 디카시로 탄생한다는 발상 자체가 신선한 맛을 느끼게 한다.

고가 한 20센티 정도 되는 이 검은 돌 수석을 보니, 젊은 시절 고 박두진 선생님과 장화를 신고 북한강변을 따라 수석을 찾아 헤메던 당시 툭 던지신 말씀이 떠 오른다.

"내가 돌을 찾으러 다니는 이유가 뭔지 아니?" 하며 북한강과 맞닿은 계곡을 뒤져가면서 그러시면서 혼자 말씀하시듯 툭 던지시는 말씀이 "이 돌에 새로 태어날 신의 사랑의 계시가 숨어 있기 때문이란다. 시인은 그것을 돌 속에서 자연속에서 발견하고 깨달아야 할 눈과 사명을 부여받은 청지기이다"

오늘 최어금 님의 몇 점 수석을 소재로 한 디카시를 보니 그 때 선생님의 말씀이 떠 오르는군요. 좋은 수석으로 쓴 디카시 잘 감상하였습니다. 고맙습니다.

옛 추억속 이야기에 잠기는 디카시

옛날을 줍다

삐걱-
사립문 열리는 소리
금새라도 달려 나올것만 같은
할머니 할아버지 흰 멍멍이…
기억 저편의 아리송한 모습들

아무리 불러도 대답할 수 업는 추억의 그림자를 사진속에 담아봅니다.
눈을 감고 듣는 그 시절의 목소리가 금방 화자의 사립문을 열고 들려올 것만 같습니다.
함께 머물렀던 그 시절에 있었던 언약들과 꿈, 이제 하나 둘 과거의 시간 여행 속으로 시작되고 추억이라는 책장에 기억되는 한 편의 디카시로 탄생했습니다.
화자의 기억은 농촌을 고향으로 둔 모두의 추억이 될 수 있습니다.
화자는 사립문을 앵글의 중심에 담고 회상이라는 기법으로 소리(삐걱)와 대상들(할아버지, 할머니, 흰 멍멍이)을 소환하여 작품에 담아내고 있습니다.
추억은 이렇게라도 담아내지 않으면 그저 기억 속에만 남아 있을 뿐이지만, 이렇게 디카시란 쟝르로 끄집어내어 표현하면 한 편의 현실성 있는 작품이 됩니다.
평자는 사진속에 길게 널부러진 노란 호스를 보며 추억은 현재의 삶과 연결되어야만이 진실된 추억의 한 페이지가 될 수 있구나 생각하는 멋진 감상을 한, 좋은 디카시 한 편이었습니다.

인생

세월도 무거운건
못 가져 가나봐
세월이 가도
길이 남을 묵직하고 멋진 추억
나도 만들어 보리

오늘 작품의 소재가 된 연자방아는 곡식을 찧거나 빻는 방아의 한 가지이다. 연자매라고도 한다. 발동기가 없던 옛날에 말이나 소의 힘을 이용하여 한꺼번에 많은 곡식을 찧거나 빻는 데 사용하였다. 둥글고 판판한 돌판 위에 그보다 작고 둥근 돌을 옆으로 세워 얹어서, 이를 말이나 소가 끌어서 돌리도록 되어 있다. 옛날에는 마을마다 연자방아를 갖추어 놓고 공동으로 사용하였으나 지금은 거의 볼 수가 없다.

화자의 작품에 등장한 소재는 늘 친근하고 마음 푸근한 청국장같은 냄새를 풍기고 있다. 외국생활 중에 그리운 음식 중 하나가 청국장 된장이다. 그러나 혹시 그것을 요리할 때는 그 냄새로 인한 주변의 민원을 신경써야 할 것이다.

오늘 화자는 연자매를 작품의 소재로 삼고 언술에서는 (인생)이란 제목을 사용하였다.

언젠가 화자의 2022년 새해 이루고 싶은 소망중에 디카시에 대한 소망목록도 있는 것을 보았다. 평자는 그 소망은 벌써 이루워졌다고 생각한다.

화자의 언술속에 나타난 "세월도 무거운 건 / 못 가져 가나봐 /세월이 가도/ 길이 남을 묵직하고 멋진 추억/나도 만들어 보리" 여기에 나타난 묵직한 추억이 디카시라는 쟝르로 벌써 화자의 추억속 앨범에 이미 깊게 중심을 딱 잡고 들어가 있음을 볼 수 있다.

편집후기

천을 통하여 매일 아침 올라오는 디카시가 한 달이면 6-800편에 달한다.

천원들 자작 평가에 의해 하트 놀이를 한 지도 40일이 지났다. 처음에는 반신반의했으나, 디카시를 평가하는 기준을 공지한 후 이제는 회원들의 작품 보는 눈이 많이 달라짐이 확연하게 보일 뿐만 아니라 그 영향으로 인하여 본인의 작품제작에도 큰 변화가 일어나고 있음을 매일 작품을 보면서 느낄 수가 있었다.

이번에 『보찍쓰 02호』를 제작하면서 작품이나 참여율이 매우 적극적이고, 작품 원고 투고 요령에 따라 『보찍쓰 01호』나 『계간 보찍스』에 비해 많이 달라짐에 따라 편집 시간과 작품 취합시간이 많이 줄어들 수 있었음에, 보찍쓰 참여 대상 회원들에게 감사의 인사를 드린다.

『보찍쓰 02호』를 출간하면서 감사의 인사를 드릴 분이 여럿 있다.

첫째로 협회를 이끌어 가시는 김춘희 회장님께 감사하는 마음을 보낸다. 물심양면으로 협회를 위하여 시간과 물질과 지식제공을 하실 뿐만 아니라 이번에는 체계적으로 회원관리를 하여서 『보찍쓰 02호』 발간에 많은 도움을 주셨다.

둘째로 격려사와 축하의 글을 보내주신 연변주 화술협회 서방홍 교수님과 매일 좋은 디카시로 회원들의 시적 향상을 지도해 주실 뿐만 아니라 디카시 작품과 축하의 글을 보내주신 이근모 시인에게 감사의 인사를 드린다.

특별히 감사할 일은 편집에 많은 도움을 주신 강경춘 선생님에게 감사의 인사를 보낸다.

마지막으로 한국에서 출판을 도와 일선에서 움직이시며 앞으로 인터넷 서점 관리를 맡아 주문과 배송 업무를 책임져 주시는 Andy Kim 선생님에게 특별한 감사의 인사를 드린다.

출판을 허락하신 밥북 출판사 주계수 대표와 직원들에게도 감사의 인사를 드린다.

앞으로 〈조선족디카시인협회〉 정기 간행물 보찍쓰가 디카시 분야 서적에서는 크게 두각을 나타내 많은 독자가 구독하여 제3, 제4, 제5호 보찍쓰가 계속 출간되고 계간 보찍쓰, 개인 디카시집들이 많이 발행되어 모두가 행복함을 누리는 디카시 놀이 문화가 온누리에 퍼졌으면 하는 바람이다.

- 총편집 및 공동 발행인, 다람

이 책은 가능한 중국 현지에서 조선인들이 쓰는 표현을 그대로 살려 한글 맞춤법과 다른 부분이 있음을 밝힙니다.

보(고) 찍(고) 쓰(고) 02호

인쇄일 2022년 6월 25일
발행일 2022년 6월 30일

엮은이 조선족디카시인협회
펴낸이 주계수 | **편집책임** 이슬기 | **꾸민이** 전은정

펴낸곳 밥북 | **출판등록** 제 2014-000085 호
주소 서울시 마포구 양화로 59 화승리버스텔 303호
전화 02-6925-0370 | **팩스** 02-6925-0380
홈페이지 www.bobbook.co.kr | **이메일** bobbook@hanmail.net

조선족디카시인협회
발행인 김춘희, 강성은
총편집인 강성은
편집자문위원 김윤식 | **편집위원** 강경춘
펴낸곳 조선족디카시인협회
E-mail chchosun@hanmail.net
위챗계정 조선족디카시인협회
TEL (86)15944367010
　　　(86)13564073595

© 조선족디카시인협회, 2022.
ISBN 979-11-5858-882-3 (03810)

※ 이 책은 저작권법에 따라 보호받는 저작물이므로 무단전재와 복제를 금합니다.